FRITZ OSSENBÜHL

Rechtliche Grundfragen der Erteilung von Schulzeugnissen

Schriften zum Öffentlichen Recht

Band 351

Rechtliche Grundfragen der Erteilung von Schulzeugnissen

Von

Dr. iur. Fritz Ossenbühl

o. Professor an der Universität Bonn

DUNCKER & HUMBLOT / BERLIN

Alle Rechte vorbehalten
© 1978 Duncker & Humblot, Berlin 41
Gedruckt 1978 bei Buchdruckerei Bruno Luck, Berlin 65
Printed in Germany
ISBN 3 428 04281 6

Inhaltsverzeichnis

I. Anlaß der Untersuchung und Sachstand 7
   1. Inhalt und Begründung der Zeugnisreform 7
   2. Konfliktsfälle, Angriffsrichtung und Gegenargumente 9

II. Fragestellungen 12
   1. Verwaltungsrechtliche Probleme 12
   2. Verfassungsrechtliche Probleme 12

III. Zeugniserteilung in verwaltungsrechtlicher Sicht 14
   1. Rechtsnatur der Zeugniserteilung 14
   2. Prozeßrechtliche Folgerungen 16

IV. Zum Anspruch auf Erteilung eines „Zeugnisses mit Noten" 19
   1. Untersuchungsrahmen und Untersuchungsebene 19
   2. Funktionen des Schulzeugnisses 19
      a) Orientierungsfunktion 20
      b) Berechtigungsfunktion 20
   3. Grundlagen des Informationsanspruchs 21
      a) Informationsanspruch der Eltern gem. Art. 6 Abs. 2 GG 21
      b) Informationsanspruch des Schülers 23
      c) Informationsanspruch als „Vorwirkung" des Rechtsschutzanspruchs gem. Art. 19 Abs. 4 GG 24
   4. Inhalt und Schranken der Informationspflicht der Schulbehörden 25
      a) Form der Informationserteilung 25
      b) Inhalt, Umfang und Gestalt der Information 26
         aa) Auskunftsinteresse und Auskunftszweck als Maßstab 27
         bb) Sachliche Grenzen der Informationserteilung 28
   5. Anwendung der Erkenntnisse auf die Erteilung von Schulzeugnissen 29
      a) Berechtigungszeugnisse 29
      b) Schlichte Informationszeugnisse 35
   6. Ergebnis 36

V. Zur verfassungsrechtlichen Zulässigkeit schriftlicher Beurteilung des Sozialverhaltens 38

   1. Fragestellung und Problematik 38

   2. Denkbare Rechtsgrundlagen für eine „aufgedrängte Auskunft" .. 39
      a) Zum staatlichen Erziehungsauftrag 39
      b) Kooperation zwischen Staat und Elternhaus 43

   3. Unterscheidung nach der Form der Auskunft 44
      a) Verschiedenheiten der Informationsformen 44
      b) Weitere Folgerungen 46

   4. Gegengründe aus der Sicht von Schüler und Eltern 47
      a) Betroffene Grundrechtspositionen 47
      b) Lösungsdirektiven 50
         aa) Zum Grundsatz der Verhältnismäßigkeit 50
         bb) Sinnvolles Zusammenwirken zwischen Elternhaus und Schule 54

VI. Kompetenz zur Zeugnisregelung 56

   1. Präzisierung der Fragestellung 56

   2. Stand der Diskussion um den Gesetzesvorbehalt im Schulrecht 56

   3. Zeugnisregelungen als Bestandteil des Gesetzesvorbehaltes 58

   4. Folgerungen 60

   5. Tragweite des Gedankens vom sog. Übergangsrecht 61

   6. Anhang: Zur Auslegung des § 26 Abs. 3 Nr. 2 SchVG NW 62

VII. Gesamtergebnis in Thesen 66

I. Anlaß der Untersuchung und Sachstand

1. Inhalt und Begründung der Zeugnisreform

Die Ständige Konferenz der Kultusminister in der Bundesrepublik Deutschland hat in ihren Empfehlungen zur Arbeit in der Grundschule vom 2. Juli 1970 zur Frage der Zeugniserteilung folgende Aussage gemacht:

„VI. Zeugnisse

1. Allgemeines

Trotz der bekannten Schwierigkeiten bei der Beurteilung von Leistungen sind Zeugnisse nach der Meinung von Eltern und Lehrern im Rahmen des Erziehungsprozesses erforderlich. Vermutlich wird die Arbeit der Schule, mehr als von ihr selbst gewollt, durch den ständigen Zwang zur Festsetzung von Leistungsnoten beeinflußt, so daß die Schüler mehr zum Konkurrieren als zum Kooperieren angehalten werden.

2. Zeugnisse in den beiden ersten Klassen

In der 1. und 2. Klasse ist eine allgemeine Aussage über die Leistungen eines Kindes im Hinblick auf das Ziel dieser Schulstufe bedeutsamer als die vorgeblich genaue Benotung der Leistungen in den einzelnen Teilgebieten des Unterrichts. In diesen beiden Klassen ist daher jeweils am Ende eines Schuljahres eine allgemeine Beurteilung des Kindes in freier Form im Zeugnis zu erteilen. Neben der Begutachtung des Sozial- und Arbeitsverhaltens sind Hinweise auf Interessen, besondere Fähigkeiten und Schwächen zu geben. Dabei muß zusammenfassend festgestellt werden, ob und inwieweit die Leistungen mit der Einschätzung des geistigen Leistungsvermögens übereinstimmen. Die allgemeine Beurteilung muß sehr ins einzelne gehen, wenn das Kind eine Klasse überspringen, eine Klasse wiederholen oder in eine Sonderschule überwiesen werden soll.

3. Zeugnisse in den folgenden Klassen

Auf den folgenden Klassenstufen soll das Zeugnis neben einer allgemeinen Beurteilung auch Einzelzensuren enthalten. Das Kind soll lernen, sein Leistungsvermögen und seine Arbeitshaltung richtig einzuschätzen. Zensuren für Betragen, Mitarbeit und Fleiß („Kopfnoten") werden nicht als ein angemessenes Mittel zur Beurteilung des Schülers angesehen."

Die vorstehende Empfehlung der KMK hat dazu geführt, daß einige Länder in den letzten Jahren für die ersten beiden Grundschulklassen „Zeugnisse ohne Noten" eingeführt haben.

In Nordrhein-Westfalen ist eine entsprechende Zeugnisreform durch Erlaß des Kultusministers des Landes Nordrhein-Westfalen vom 13. Mai 1976 — II A 1.36 - 60/0 Nr. 552/76 — vorgeschrieben worden. In diesem Erlaß heißt es, daß für den Einschulungsjahrgang 1976 und alle nachfolgenden Einschulungsjahrgänge nur noch Zeugnisformulare nach dem als Anlage zum Erlaß vorgesehenen Muster zu verwenden seien. „In den Klassen 1 und 2 sind künftig ausschließlich Jahreszeugnisse mit allgemeinen Beurteilungen ohne Noten, in den Klassen 3 und 4 auch Halbjahreszeugnisse vorgesehen. In den Klassen 3 und 4 sollen neben die allgemeinen Beurteilungen auch Einzelzensuren treten."

Das dem Erlaß angefügte Muster eines Zeugnisformulars enthält außer Zeilen für Personalia und Unterschriften vier Rubriken mit mehreren Leerzeilen, auf denen in zusammenhängendem Text Beurteilungen zu folgenden Punkten abgegeben werden sollen: 1. Sozialverhalten, 2. Arbeitsverhalten, 3. Hinweise zu Lernbereichen, 4. Bemerkungen.

Der Zeugniserlaß vom 13. Mai 1976 hat durch einen weiteren Erlaß vom 22. März 1977 — II A 1.36-60/0-850/77 — seine nähere Konkretisierung und Begründung gefunden. Das Zeugnis wird in diesem Erlaß als eine „Zwischenbilanz" verstanden, die als Grundlage „für das weiterführende Gespräch zwischen Eltern und Lehrer dienen könne". Die allgemeinen Aussagen im Zeugnis müssen dem „Konzept einer ermutigenden Erziehung" dienen. Deshalb sind „Charakterbeschreibungen und Formulierungen festschreibender Art" unzulässig.

Neben weiteren Hinweisen zur Informationssammlung durch den Lehrer und zur Abstimmung mit anderen Lehrpersonen folgt die Aussage, daß die Klassen 1 und 2 „eine pädagogische Einheit" bilden. Dies bedeutet, daß eine echte Versetzungsentscheidung nicht stattfindet. Gegen den Willen der Eltern kann die Übernahme eines Kindes von Klasse 1 nach Klasse 2 nicht abgelehnt werden.

In „Vorläufigen Hinweisen zur Erstellung der Zeugnisse für die Klassen 1 und 2 der Grundschulen in Nordrhein-Westfalen" (Stand 20. Juli 1976) werden die Motive für die Zeugnisreform dargetan und den Lehrern Formulierungshilfen für die Erstellung der Zeugnisse angeboten.

Es wird der Standpunkt vertreten, daß „das überkommene Zeugnissystem

— der pädagogischen Zielsetzung der Grundschule und
— dem Informationsbedürfnis der Eltern

nicht mehr genügen" könne. Dementsprechend werden als Hauptgründe für die Zeugnisreform genannt

— die „Minderung des Leistungs- und Zensurendrucks" und
— die individuelle und aussagekräftige Zeugnisinformation.

Zeugnisse sollen Auskunft über die Lernfortschritte des einzelnen Schülers geben und sind deshalb „vorrangig am eigenen Entwicklungs- und Leistungsstand des Schülers" zu orientieren. Die Formulierungshilfen verbieten nicht explicit negative Aussagen, verlangen für den Fall solcher Aussagen aber eine „besondere Sorgfalt" und eine „differenzierte Darstellung".

2. Konfliktsfälle, Angriffsrichtung und Gegenargumente

Der Zeugniserlaß für die Grundschulen in Nordrhein-Westfalen ist erstmals bei der Erteilung der Zeugnisse im Jahre 1977 praktiziert worden. In den Schulen hat inzwischen ein Meinungsbildungsprozeß stattgefunden, der die Auffassung der betroffenen Eltern ermitteln soll. Greifbare und verläßliche Dokumente zu der Frage, ob die neuen Zeugnisse positiv oder negativ aufgenommen worden sind, bestehen nicht. Eine Reihe von Eltern haben die Entgegennahme der neuen Zeugnisse abgelehnt und Zeugnisse in der alten überkommenen Form unter Verwendung von Noten und unter Weglassung der Beurteilung des Sozialverhaltens gefordert. Deswegen ist es in Nordrhein-Westfalen inzwischen zu mehreren Widerspruchsverfahren gekommen, die zum Teil bereits in Klageverfahren vor den zuständigen Verwaltungsgerichten übergegangen sind.

Die Angriffsrichtung der klagenden Eltern betrifft insbesondere zwei Punkte. *Zum einen* geht es um die im Zeugniserlaß vorgesehene nähere *Umschreibung des Sozialverhaltens* des Kindes, deren Notwendigkeit und Legitimation bestritten wird. *Zum andern* geht es um die Weigerung der Schule, ihre *Leistungsbeurteilung in Noten* zum Ausdruck zu bringen.

Die mit diesen Beanstandungen einhergehenden Gegenargumente lassen sich in folgenden Punkten zusammenfassen:

Erstens führe die Betonung des Sozialverhaltens zu einer *Einseitigkeit in der Beurteilung der Schülerpersönlichkeit*. Als einziger Bezug des Menschen werde der Mensch in der Gruppe angesehen. Demgegenüber seien Eigen- und Selbständigkeit des Individuums ebenso wichtig und förderungswürdig wie Kontaktfähigkeit und Kooperationsbereit-

10   I. Anlaß der Untersuchung und Sachstand

schaft. Das Gesamtbild der Zeugnisreform zeige einen Schüler, der als neuer Einheitsschüler, als homo communicativus, ausschließlich gruppenbezogene Eigenschaften wie Kontaktfähigkeit, Kooperationsbereitschaft, Konfliktverhalten und Gesprächsfähigkeit haben dürfe. Die Individualität des Schülers werde damit unterdrückt.

Zweitens sei *fraglich, ob die intendierte Beurteilung des Sozialverhaltens überhaupt sachgemäß und gerecht* stattfinden könne. Die in den Formulierungshilfen für Lehrer angebotenen Kriterien für die Beurteilung des Sozialverhaltens seien ausschließlich deskriptiver Art und damit oberflächlich, weil sie die Ursachen des Sozialverhaltens nicht berücksichtigten. Eine gerechte Beurteilung müsse deshalb viel detaillierter sein. Dies erfordere eine Differenzierung der Kriterien, die die gesamte Beurteilungsmethode ad absurdum führe.

Drittens führe die Beurteilung des Sozialverhaltens, solle sie den mit ihr verbundenen Anspruch verwirklichen, zu einem *Beobachtungsdruck und zu einer Totalkontrolle des Kindes,* die sich für die kindliche Entwicklung negativ auswirken könne und in dessen Intimsphäre eingreife.

Viertens stehe es den Lehrern nicht zu, über das Sozialverhalten des Kindes letztlich mittelbar das *Familienleben* mit möglicherweise abweichenden Erziehungs- und Verhaltensprinzipien zu beurteilen und zu kritisieren.

Fünftens sei es zweierlei, einerseits das Sozialverhalten eines Schülers zu beobachten und zu beurteilen und andererseits über dieses Sozialverhalten eine *schriftliche* Beurteilung abzugeben, der stets ein gewisser endgültiger und amtlicher Charakter zukomme.

Sechstens seien die *Lehrer* angesichts des ambitiösen Anspruchs der Zeugnisreform *überfordert.* Für eine gerechte und zutreffende Beurteilung des Sozialverhaltens fehle ihnen nicht nur eine fundierte Beobachtungsgrundlage und Kenntnis der sozialen Hintergründe jedes einzelnen Schülers, die zu beschaffen auch kaum möglich sei, sondern eine Beurteilung des Sozialverhaltens setze auch psychologische Fähigkeiten und Fertigkeiten voraus, die man auch bei gut ausgebildeten Grundschullehrern in der notwendigen Quantität und Qualität nicht schlechthin voraussetzen könne.

Siebtens führe das „neue Zeugnis" nicht zu einem Mehr, sondern im Gegenteil zu einem *Weniger an Information* für die Eltern. Dies ergebe sich einmal daraus, daß die verbale Leistungsbeschreibung für sich keinen Aufschluß darüber gebe, ob das Kind dem üblichen Entwicklungsstand, der für seinen Jahrgang allgemein gefordert werden kann, genüge. Verbale Beschreibungen von Leistungen bedürften erfahrungsgemäß der Interpretation des Lehrers. Hiervon gehe die Zeugnisreform

2. Konfliktsfälle, Angriffsrichtung und Gegenargumente

selbst aus, weil sie eine persönliche Aushändigung des Zeugnisses durch den Lehrer voraussetze.

Eine ausreichende Information dürfe sich nicht nur an den individuellen Begabungen und Fähigkeiten des zu beurteilenden Kindes orientieren, sondern müsse auch erkennen lassen, ob das Kind, gemessen an der normalen Entwicklung seines Jahrgangs, zurückgeblieben sei; insbesondere müsse erkennbar sein, wie das Kind in der Leistungs- und Rangordnung der Klasse plaziert werden müsse.

Achtens seien die Zeugnisse neuer Art *ungeeignet, den mit ihnen verfolgten Zweck zu erreichen.* Denn der in den Schulen erzeugte Leistungsdruck beruhe nicht auf der Art und Weise der zu erteilenden Zeugnisse — jedenfalls nicht in der Grundschule —, sondern auf der Art und Überfülle des Stoffes.

II. Fragestellungen

Die folgenden Erörterungen befassen sich mit dem Zeugniserlaß lediglich unter rechtlichen Gesichtspunkten. Die mitgeteilten Argumente pädagogischer und schulpolitischer Art, die für und wider die „Zeugnisse ohne Noten" vorgebracht werden, dienen der Illustration des Problems, können jedoch unter rechtlichen Gesichtspunkten nur dann und insoweit Beachtung finden, als sie mit rechtlichen Prinzipien und Schranken vermittelt werden können. Wo dies der Fall ist, wird man weiterhin die Frage aufzuwerfen und zu beachten haben, inwieweit die Entscheidung pädagogischer Fragen der Kontrolle und Beurteilung der angerufenen Gerichte unterworfen ist. Es ist nicht zu verkennen, daß die Gerichte, namentlich das Bundesverfassungsgericht, insoweit die Neigung zu einer strengen Zurückhaltung offenbaren[1].

Die entstehenden Rechtsfragen, die sich in den bereits anhängigen Verfahren stellen, sind zum Teil verwaltungsrechtlicher und zum andern Teil verfassungsrechtlicher Natur.

1. Verwaltungsrechtliche Probleme

Unter verwaltungsrechtlichem Aspekt ist die Frage aufgetaucht, ob das Zeugnis als Verwaltungsakt zu charakterisieren ist oder nicht. Diese Frage ist in einigen Widerspruchsbescheiden anhängiger Verfahren mit der Begründung verneint worden, daß das (neue) Grundschulzeugnis für die Klasse 1 keine Auswirkungen auf den weiteren schulischen Ausbildungsgang des Kindes habe. Aus diesem Grund ist sodann auch ein Widerspruch als „unstatthaft" bezeichnet worden.

Solchen Stellungnahmen und Meinungsäußerungen der Schulbehörden ist in einem besonderen Abschnitt nachzugehen.

2. Verfassungsrechtliche Probleme

Der Hauptakzent der nachfolgenden Untersuchungen liegt freilich auf der Frage, ob der Zeugniserlaß als solcher mit der Verfassung in Einklang steht und ob die Eltern einen Anspruch darauf haben, ein Zeugnis

---

[1] Vgl. etwa *BVerfG*, Urteil vom 22. 6. 1977, DVBl. 1977, 713 (714) (Oberstufenreform in Hessen); insoweit kritisch: *Ossenbühl*, Elternrecht in Familie und Schule, Schriftenreihe der Fördergemeinschaft für Schulen in freier Trägerschaft, Heft 10, 1978, S. 30.

2. Verfassungsrechtliche Probleme

in der überkommenen Form unter Angabe von Noten zu erhalten. Die Verfassungsmäßigkeit der Zeugnisreform ist dabei sowohl unter grundrechtlichen wie auch unter kompetentiellen Gesichtspunkten zu betrachten. Im einen Falle geht es darum, ob durch die Zeugnisreform Grundrechtspositionen, insbesondere das elterliche Erziehungsrecht, beeinträchtigt werden, im anderen Falle ist zu prüfen, ob die Zeugnisreform überhaupt durch einen Erlaß des Kultusministers eingeführt werden konnte oder ob es hierzu einer parlamentarischen Grundsatzentscheidung in Gestalt eines förmlichen Gesetzes bedurft hätte. An den Anfang der Untersuchungen wird die Grundrechtsprüfung gestellt, weil, wie noch darzustellen sein wird, das Ergebnis der Grundrechtsprüfung für die Behandlung und Entscheidung der Kompetenzfragen entscheidende Bedeutung haben wird.

Die sachinhaltliche Prüfung betrifft namentlich zwei Fragen:

Erstens: Sind die Eltern verpflichtet, eine *schriftliche* Beurteilung des Sozialverhaltens ihres Kindes in der im Zeugniserlaß und seinen Erläuterungen vorgesehenen Art und Weise als Bestandteil des Zeugnisses entgegenzunehmen?

Zweitens: Haben die Eltern einen Anspruch darauf zu erfahren, wie die Leistungen ihres Kindes nach dem herkömmlichen Notensystem zu beurteilen sind?

III. Zeugniserteilung in verwaltungsrechtlicher Sicht

1. Rechtsnatur der Zeugniserteilung

Bei der Frage nach der Rechtsnatur der Zeugniserteilung geht es, wie schon eingangs bemerkt, darum, ob die Zeugniserteilung als Erlaß eines Verwaltungsaktes zu werten ist oder nicht. Die Beantwortung dieser Frage ist, wie anschließend noch darzutun sein wird, für einige prozeßrechtliche Probleme von Bedeutung.

Nach § 35 Satz 1 des Verwaltungsverfahrensgesetzes für das Land Nordrhein-Westfalen (VwVfG NW), der auch auf die Tätigkeit der Schulen anwendbar ist (§ 2 Abs. 3 Nr. 3 VwVfG NW), wird der Verwaltungsakt definiert als „Verfügung, Entscheidung oder andere hoheitliche Maßnahme, die eine Behörde zur Regelung eines Einzelfalles auf dem Gebiet des öffentlichen Rechts trifft und die auf unmittelbare Rechtswirkung nach außen gerichtet ist".

Es ist leicht ersichtlich, daß von den vorgenannten Definitionselementen, die den Verwaltungsakt charakterisieren, für den vorliegenden Fall nur die „unmittelbare Rechtswirkung nach außen" problematisch sein kann. Die „unmittelbare Rechtswirkung nach außen" ist eng mit dem Element der „Regelung" verknüpft, welches den Verwaltungsakt kennzeichnet. In früheren Definitionen fielen beide Definitionselemente zusammen. Erst in den Begriffsbestimmungen der in Bund und Ländern erlassenen Verwaltungsverfahrensgesetze taucht die „unmittelbare Rechtswirkung nach außen" als *eigenständiges* Begriffsmerkmal auf.

„Unmittelbare Rechtswirkung nach außen" liegt dann vor, wenn die behördliche Maßnahme die Rechtslage des Betroffenen — in der Regel durch Konkretisierung oder Aktualisierung einer gesetzlichen Verpflichtung oder Berechtigung — ändert oder zumindest rechtlich sicherstellt[2]. — Nach einer verbal anderen, aber sinngleichen Formulierung sind Verwaltungsakte im Schulverhältnis nur solche Maßnahmen, die auf das Grundverhältnis des Schülers zur Schule oder auf besonders geregelte Rechtsbeziehungen von Schülern und Eltern zur Schule rechtsfolgebegründend einwirken und damit deren subjektive Rechtsstellung verändern[3].

---

[2] So die Erläuterung bei *Wolff / Bachof*, Verwaltungsrecht I, 9. Aufl. 1974, § 46 V c.

[3] So *VGH Baden-Württemberg* DÖV 1975, 568.

1. Rechtsnatur der Zeugniserteilung

Projiziert man diese Begriffsbestimmungen auf die Erteilung von Zeugnissen, so ergibt sich zunächst die unbestreitbare Feststellung, daß man die Frage, ob Zeugnisse Verwaltungsakte darstellen oder nicht, keinesfalls einheitlich beantworten kann. Daß *Abschlußzeugnisse* in der Regel Verwaltungsakte darstellen, ist schon deswegen nicht zu bezweifeln, weil mit ihnen regelmäßig weiterführende Schulchancen oder sonstige Berechtigungen verbunden sind. *Versetzungszeugnisse*, die mit einer Versetzungsentscheidung verbunden sind, stellen ebenfalls Verwaltungsakte im Schulverhältnis dar.

Demgegenüber wird die Beurteilung schwieriger, wenn es beispielsweise um *Halbjahreszeugnisse* oder sonstige *Zwischenzeugnisse* geht, die innerhalb eines durch Versetzungsentscheidungen eingegrenzten Schuljahrgangs ergehen und eine Zwischenbilanz ziehen. Solche Zeugnisse können die Qualität von Verwaltungsakten erlangen, wenn sie beispielsweise partiell die Versetzungsentscheidung präjudizieren, weil möglicherweise Notenfestlegungen des Halbjahreszeugnisses nur bestimmte Abweichungen im Versetzungszeugnis gestatten. Solche und ähnliche denkbare Fallgestaltungen bestimmen dann den Charakter des betreffenden Zeugnisses, so daß die Frage nach der Rechtsnatur eines Zeugnisses nur konkret-individuell beantwortet werden kann.

Insoweit ist von Bedeutung, daß der in Rede stehende Zeugniserlaß das „reformierte Zeugnis" sowohl für die Klasse 1 wie auch für die Klasse 2 jeweils ausschließlich als Jahreszeugnis vorsieht, daß aber der Übergang von Klasse 1 zu Klasse 2 nicht durch eine besondere Versetzungsentscheidung fixiert wird und daß dieser Übergang auch nicht gegen den Willen der Eltern versagt werden kann. Daraus folgt zunächst, daß nach der gegenwärtigen Rechtslage das erste Versetzungszeugnis in der Grundschule als Jahreszeugnis erst nach Abschluß der 2. Klasse erteilt wird und den Übergang in die 3. Klasse eröffnet. *Dieses Versetzungszeugnis* ist damit nach den bereits getroffenen Feststellungen ohne weiteres als Verwaltungsakt zu qualifizieren, weil es seinerseits infolge der rechtsfolgebegründenden Wirkungen mit „unmittelbarer Rechtswirkung nach außen" begabt ist. Demgegenüber ist das am Ende des 1. Schuljahrgangs erteilte Zeugnis für den Übergang in die 2. Klasse ohne solche Relevanz. Daraus folgt, daß dieses Zeugnis nicht als Verwaltungsakt qualifiziert werden kann.

Das Jahreszeugnis nach Abschluß der Klasse 1 läßt sich auch nicht unter die Kategorie des *feststellenden* Verwaltungsaktes subsumieren. Feststellende Verwaltungsakte fixieren in rechtsverbindlicher Form einen Anspruch oder eine rechtserhebliche Eigenschaft einer Person, einer Sache oder eines Sachverhalts[4]. Davon kann jedoch bei dem hier

---
[4] Vgl. *Wolff / Bachof*, Verwaltungsrecht I, 9. Aufl. 1974, § 47 I b.

in Betracht stehenden Jahresabschlußzeugnis keine Rede sein. Allerdings könnte man erwägen, ob dieses Zeugnis nicht den Auskunftsanspruch der Eltern verbindlich festlegt. Indessen ergibt sich bei näherem Zusehen, daß das Zeugnis diesen Informationsanspruch nicht konstituiert oder deklariert, sondern (schlicht) *erfüllt;* ungeachtet und unbeschadet der Frage, ob diese „Erfüllung" in dieser Form als „mangelhaft" bezeichnet werden muß oder nicht.

Schließlich sei darauf hingewiesen, daß die Frage der Erteilung von Auskünften, unter welche die Vergabe des hier in Rede stehenden Jahresabschlußzeugnisses subsumiert werden kann, in der Rechtsprechung bereits zu Differenzen geführt hat[5]. Ohne die damit verbundene Kontroverse im einzelnen ausbreiten und verfolgen zu müssen, kann festgestellt werden, daß die Erteilung von Auskünften sich prinzipiell als schlichte Amtshandlung und nicht als Verwaltungsakt darstellt. Allerdings liegen die Dinge anders, wenn eine begehrte Auskunft von der Behörde verweigert wird. In diesem Falle enthält die Ablehnung der Auskunft durch die Behörde eine rechtsverbindliche Feststellung und Entscheidung über den Auskunftsanspruch des Bürgers, so daß eine „unmittelbare Rechtswirkung nach außen" und damit das Vorliegen eines Verwaltungsaktes zu bejahen ist[6].

2. Prozeßrechtliche Folgerungen

Aus dem Vorgesagten ergeben sich folgende prozeßrechtliche Folgerungen:

a) Geht das Begehren der Eltern bei Erteilung eines Jahreszeugnisses der Klasse 1 der Grundschule dahin, daß die Schulbehörde eine Beurteilung des Sozialverhaltens des Schülers unterlassen möge, so ist dieses Begehren, da das genannte Zeugnis sich nicht als Verwaltungsakt, sondern als schlichte Amtshandlung erweist, im Wege der sog. Leistungsklage, und zwar in der Variante der Unterlassungsklage, zu verfolgen. Ein Vorverfahren gemäß § 68 VwGO scheidet also aus.

b) Geht das Begehren der Eltern dahin, anstatt des ausgehändigten Zeugnisses in der neuen Form ein Notenzeugnis nach altem Muster ohne Beurteilung des Sozialverhaltens zu bekommen, so ist das Begehren ebenfalls auf die Vornahme einer schlichten Amtshandlung gerichtet, welches im Wege der Leistungsklage vor dem Verwaltungsgericht zu verfolgen ist.

---

[5] Vgl. *BVerwGE* 31, 301 = DVBl. 1969, 700 m. Anm. *Bettermann;* krit. auch *Peter Krause,* Rechtsformen des Verwaltungshandelns, 1974, S. 338.
[6] Vgl. *Bettermann* DVBl. 1969, 704; ferner *BVerwG* ZBR 1968, 11; dazu *Zimmermann,* Probleme des Anwendungsbereichs der Anfechtungsklage, VerwArch, 1971, S. 48 ff. (70 f.).

2. Prozeßrechtliche Folgerungen

Fraglich kann nur sein, wie sich die prozeßrechtliche Situation darstellt, wenn die Eltern, wovon schon aus Gründen des Rechtsschutzinteresses für eine Klage regelmäßig ausgegangen werden muß, zunächst die Ausstellung eines Zeugnisses in der alten Form bei der Schulbehörde beantragt haben, dieser Antrag aber abgewiesen worden ist. In diesem Falle tritt deshalb eine rechtlich bemerkenswerte und merkwürdige Situation ein, weil — wie oben schon dargetan und belegt — die Antragsablehnung ihrerseits als Verwaltungsakt gewertet wird, da sie eine potentiell verbindliche Regelung des von den Eltern geltend gemachten Auskunftsanspruchs darstelle. Unter diesen Umständen ergibt sich das Problem, ob damit im Falle der Antragsablehnung von der Leistungsklage auf eine andere Klageart, etwa Anfechtungs- oder Verpflichtungsklage oder beides, umgeschwenkt werden muß.

Hierzu ist folgendes zu bemerken. Selbst wenn man die Antragsablehnung als Verwaltungsakt qualifiziert[7], wird dadurch die Feststellung nicht beeinträchtigt, daß sich die Erteilung des Zeugnisses der Klasse 1 nach wie vor als eine schlichte Amtshandlung erweist. Da das Begehren der Eltern sich lediglich auf die Vornahme dieser Amtshandlung richtet, bleibt die Leistungsklage die allein gegebene Klageart. Eine Verpflichtungsklage scheidet ohne weiteres aus, weil das Begehren auf Erteilung eines Zeugnisses der Klasse 1 jedenfalls nicht auf die Erteilung eines Verwaltungsaktes gerichtet ist.

Allein erwägenswert wäre die Frage, ob in dem Falle, in dem bereits eine definitive Ablehnung der Schulbehörde, ein Zeugnis der Klasse 1 nach altem Muster zu erteilen, vorliegt, also ein Verwaltungsakt in der Welt ist, die betroffenen Eltern gehalten sind, zunächst diesen ablehnenden Verwaltungsakt zu bekämpfen, um anschließend im Wege der Leistungklage ihr eigentliches Begehren weiterzuverfolgen. Anders gesprochen geht es also um die prozessuale Frage, ob der Ablehnungsbescheid der Behörde eine Art „Sperrwirkung" für die Vornahme der begehrten schlichten Amtshandlung (Erteilung eines Zeugnisses der Klasse 1) entfaltet, die ihrerseits zunächst beseitigt werden muß. Diese Frage erscheint problematisch. Wollte man sie bejahen, so ergäbe sich nicht nur eine Komplizierung des Rechtsschutzes für den betroffenen Bürger, sondern auch eine Rechtsschutzverminderung. Die Komplizierung bestünde darin, daß die betroffenen Eltern, um ihr Begehren durchzusetzen, jedenfalls gezwungen wären, *zwei* Klagen zu erheben, zum einen eine Anfechtungsklage, mit der der behördliche Ablehnungsbescheid bekämpft werden müßte, zum andern eine Leistungsklage, die auf die Erteilung des Zeugnisses der Klasse 1 in der alten Form gerichtet sein müßte.

---

[7] In diesem Sinne *Bettermann* DVBl. 1969, 704; anderer Auffassung: *Zimmermann* VerwArch 1971, S. 70 f.

III. Zeugniserteilung in verwaltungsrechtlicher Sicht

Eine Rechtsschutzverminderung wäre deshalb unvermeidbar, weil Eltern, die ein Zeugnis in der alten Form begehren, stets zunächst ein solches Begehren an die Schulbehörde richten müßten und dann im Regelfalle einen ablehnenden Bescheid erhalten würden. Wäre in diesem Regelfall die der auf Zeugniserteilung gerichteten Leistungsklage vorgeschaltete Anfechtungsklage rechtsnotwendig, so würde der Rechtsschutz praktisch durch die strengeren Anforderungen der Anfechtungsklage bestimmt, was bedeutet, daß namentlich die Klagefrist eingehalten werden müßte.

Diese prozeßrechtlichen Konsequenzen erscheinen mir ein gewichtiges Argument für die Auffassung, daß der Ablehnungsbescheid eine „Sperrwirkung" im oben genannten Sinne nicht auszulösen vermag. — Andererseits haben Klagefristen im Verwaltungsrecht den Sinn, behördliche Anordnungen und Regelungen nicht gleichsam zeitlos in der Schwebe zu halten; mit anderen Worten: zu vermeiden, daß solche Entscheidungen noch nach Jahren angegriffen und zu Fall gebracht werden. Diesen Grundgedanken wird man auch bei der Zeugniserteilung nicht außer acht lassen dürfen. Freilich dürfte er im engeren Zusammenhang der Zeugniserteilung schon deswegen kaum zum Tragen kommen, weil für eine erst nach längerer Zeit erhobene Leistungsklage ein Rechtsschutzinteresse der klagenden Eltern kaum noch begründbar wäre.

Man sieht also, daß die Prozeßrechtslage durchaus kontrovers beurteilt werden kann. Trotz vorhandener vergleichbarer Problemlagen[8], die bereits Gegenstand höchstrichterlicher Entscheidungen waren, kann die geschilderte Streitfrage nicht als abgeklärt oder präjudiziert bezeichnet werden.

Hieraus kann man aus prozeßpraktischer und prozeßtaktischer Sicht nur den Rat erteilen, bei Ablehnungen nach Möglichkeit mit der Anfechtungsklage vorzugehen und mit ihr die Leistungsklage auf Erteilung eines Zeugnisses alter Art zu verbinden.

---

[8] Vgl. *BVerwGE* 31, 301 = DVBl. 1969, 700 mit Anm. *Bettermann;* BVerwG ZBR 1968, 111; dazu *Zimmermann* VerwArch 1971, S. 48 ff. (70 f.).

IV. Zum Anspruch auf Erteilung eines „Zeugnisses mit Noten"

1. Untersuchungsrahmen und Untersuchungsebene

Der folgende Abschnitt befaßt sich mit der Frage, ob die Eltern einen Anspruch auf Erteilung eines Zeugnisses nach dem herkömmlichen Notensystem haben. Diesem Problem kann man nur schrittweise und nicht ohne Differenzierungen nähertreten. Es dürfte schon prima facie einleuchten, daß die gestellte Frage beispielsweise bei Abiturzeugnissen ein anderes Gewicht hat und in einem anderen Licht gesehen werden muß als bei Zwischenzeugnissen der unteren Grundschulklassen. Solche Unterschiede resultieren aus den verschiedenen Funktionen und dem rechtlichen Stellenwert, die einem Zeugnis zukommen können. Die nachfolgenden Erwägungen werden deshalb eröffnet mit einigen Überlegungen zu den Funktionen der Zeugnisse.

Die sich anschließenden Erörterungen versuchen eine Antwort sowohl aus dem Blickpunkt des einfachen Rechts wie auch aus dem Aspekt des Verfassungsrechts zu geben. Da — wie schon erwähnt — das einfache Recht nur sporadisch Zeugnisregelungen aufweist, ist ohnehin der Rückgriff auf das Verfassungsrecht für weite Partien unumgänglich. Die Frage, ob ein Anspruch auf die Erteilung von Zeugnissen mit Noten besteht, bedarf keiner das Thema insgesamt ausleuchtenden und erschöpfenden Behandlung. Denn Gegenstand der Untersuchungen dieses Gutachtens sind lediglich die Grundschulzeugnisse. Das Schwergewicht der Überlegungen ruht deshalb auf diesem Bereich, wenngleich der Blick auf das gestellte Problem nicht von vornherein nur auf die in Rede stehenden Grundschulzeugnisse verengt werden soll.

2. Funktionen des Schulzeugnisses

Die Aussagen über die Funktionen des Zeugnisses fallen unterschiedlich aus, je nachdem aus welchem Blickwinkel sie getroffen werden. In einer einschlägigen Untersuchung werden dem Zeugnis resp. der Zensur aus pädagogischer Sicht folgende fünf Hauptfunktionen beigemessen[9]:

— die Kontrollfunktion

---
[9] Vgl. *Walter Dohse*, Das Schulzeugnis — Sein Wesen und seine Problematik. Reihe: Pädagogische Studien, Bd. 10, Weinheim, 2. Aufl. 1967, S. 62 ff.

IV. Zum Anspruch auf Erteilung eines „Zeugnisses mit Noten"

— die rechtliche Funktion
— die Anreizfunktion
— die Zuchtfunktion
— die Orientierungsfunktion.

In einer neueren Veröffentlichung sind diese Funktionen zu drei Funktionsgruppen zusammengefaßt[10]:

— die Orientierungs- und Berichtsfunktion
— die pädagogische Funktion
— die Auslese-, Rangierungs- und Berechtigungsfunktion.

Betrachtet man die Zeugniserteilung aus rechtlicher Sicht, so treten die erste und die dritte der vorgenannten Funktionsgruppen deutlich in den Vordergrund. Dies heißt nicht, daß die pädagogische Funktion des Zeugnisses für den Juristen irrelevant wäre. Vielmehr können auch die pädagogischen Intentionen und Funktionen eines Zeugnisses durchaus mit juristischen Prinzipien vermittelt werden und juristische Relevanz gewinnen. Darauf wird noch an späterer Stelle zurückzukommen sein. Im vorliegenden Zusammenhang interessieren indes in erster Linie jene Zeugnisfunktionen, die entweder schon expressis verbis („Berechtigungsfunktion"!) auf die rechtlichen Zwecke des Zeugnisses anspielen oder doch mit solchen Zwecken eine unmittelbare Verbindung haben.

Zu diesen Funktionen des Zeugnisses gehören die Orientierungsfunktion und die Berechtigungsfunktion.

a) Orientierungsfunktion

Zeugnisse sollen, wie der Name sagt, Zeugnis ablegen, d. h. einen Bericht abgeben. Gegenstand des Zeugnisses sind Leistungen und Verhalten des Schülers in der Schule. Adressaten des Zeugnisses sind die Eltern und Personensorgeberechtigten sowie mit zunehmendem Alter der Schüler selbst. Nach dem oben mitgeteilten Zeugniserlaß des Kultusministers vom 22. März 1977 werden Zeugnisse als „Zwischenbilanz" charakterisiert. Sie sollen Auskunft geben über die Lernfortschritte des Schülers und als Grundlage dienen für das weiterführende Gespräch zwischen Eltern und Lehrer.

b) Berechtigungsfunktion

Zeugnisse können auch eine Bedeutung und Funktion haben, die weit über den engeren Raum der Schule hinauswirken. In diesem Zusammenhang ist die Berechtigungsfunktion der Zeugnisse zu sehen. Namentlich Schulabschlußzeugnisse bestimmen die weitere schulische und berufliche Laufbahn des einzelnen Schülers und verleihen ihm,

---

[10] Vgl. *Jörg Ziegenspeck*, Zensur und Zeugnis in der Schule, 1973, S. 52 ff.

wie beispielsweise das Abiturzeugnis, bestimmte Berechtigungen, die anderen Schulabgängern versagt sind. Insoweit bedeutet die Erteilung von Zeugnissen die Zuteilung von handfesten Lebenschancen, und ohne Pathos gesprochen: die Eröffnung von Lebensschicksalen. Weitere Ausführungen zu dieser Zeugnisfunktion sind im Zeitalter des numerus clausus völlig entbehrlich. Hinzugefügt sei lediglich der Vollständigkeit halber, daß nicht nur das Zeugnis, sondern zunehmend die Einzelnote an rechtlicher Relevanz gewinnt, was sich inzwischen deutlich darin ausprägt, daß die Rechtsprechung dazu übergeht, auch die Anfechtung von Einzelnoten zuzulassen[11].

3. Grundlagen des Informationsanspruchs

Die Frage nach dem Anspruch auf Erteilung eines Zeugnisses mit Noten erfordert in einem ersten Schritt die Klärung der Rechtsgrundlagen eines Informationsanspruches von Eltern und Schüler, die ein entsprechendes Begehren zu tragen vermögen. Ein solcher Informationsanspruch ist rechtlich nirgends präzise ausgeprägt, insbesondere auch im einfachen Gesetzesrecht nicht explicit statuiert. Andererseits kann man als inzwischen gesicherten Stand der Erkenntnis feststellen, daß Informationsansprüche im schulischen Bereich aus Grundrechtspositionen resultieren und in dreifacher Weise begründet werden können: *erstens* aus dem elterlichen Erziehungsrecht gem. Art. 6 Abs. 2 GG, *zweitens* aus dem Grundrecht des Schülers auf optimale Erziehung gem. Art. 2 Abs. 1 GG, *drittens* als „Vorwirkung" des Rechtsschutzanspruchs gem. Art. 19 Abs. 4 GG.

a) Informationsanspruch der Eltern gem. Art. 6 Abs. 2 GG

Der Informationsanspruch der Eltern gegenüber der Schulbehörde auf Erteilung von Auskünften über Inhalt, Erfolg und Fortgang der Schulerziehung ihres Kindes folgt nach der Rechtsprechung aus dem grundrechtlich verbürgten elterlichen Erziehungsrecht gem. Art. 6 Abs. 2 GG.

Ein solcher Informationsanspruch ist bereits seit langem in der Verwaltungsgerichtsbarkeit dogmatisch begründet und anerkannt worden. So hat das *OVG Hamburg*[12] in Anlehnung an eine Entscheidung des *Bundesverwaltungsgerichts*[13] hervorgehoben, das elterliche Erziehungsrecht gewähre nicht nur Abwehrmöglichkeiten gegenüber staatlichen Eingriffen, sondern erzeuge vielmehr auch subjektive Ansprüche gegen

---

[11] Vgl. *OVG Berlin* v. 7.11.1974 (SPE III A IV S. 11); *OVG Münster* v. 15.11.1974 (SPE III A IX S. 11).
[12] MDR 1958, S. 951 = VerwRspr. 11, S. 272.
[13] *BVerwGE* 5, 153.

den Staat. Wo sich staatliche Schulerziehung und elterliches Erziehungsrecht begegnen bzw. überlagern („Überschneidungsbereich"), stehe den Eltern ein Anspruch auf Einsicht in die in Hamburg von den Schulbehörden geführten zeugnisähnlichen Schülerberichte zu, wenn und soweit diese Einsicht „zur Durchführung schutzwürdiger, im wohlverstandenen Interesse des Kindes liegender Erziehungsmaßnahmen" notwendig sei. Das Einsichtsrecht diene der Realisierung des elterlichen Erziehungsrechts, so daß der „Schluß vom Zweck auf das Mittel im konkreten Fall berechtigt" sei. — Desgleichen hat das *OVG Koblenz*[14] in einer Grundsatzentscheidung den Charakter des elterlichen Erziehungsrechts im Sinne eines „status activus", der den Eltern ein Mitspracherecht in schulischen Angelegenheiten einräumt, betont und auf die Notwendigkeit und Verpflichtung der „laufenden Verständigung zwischen Elternhaus und Schule" im „Überschneidungsbereich" hingewiesen. Aus dem Recht der Eltern, den Ausbildungsweg der Kinder zu bestimmen, wird sodann — ebenfalls unter Berufung auf den „anerkannten Rechtsgrundsatz, daß mit dem Recht auch die Mittel bewilligt werden, ohne die das Recht nicht ausgeübt werden kann" — ein (allgemeiner) Informationsanspruch der Eltern gegenüber der Schule gefolgert. Inhalt und Umfang eines solchen Anspruchs auf „angemessene Information durch die Schule" sind vom Erziehungsrecht der Eltern und Erziehungszweck her zu bestimmen. — Schließlich ist hinzuzufügen, daß auch das *Bundesverwaltungsgericht* einen Informationsanspruch der Eltern als Ausfluß ihres Erziehungsrechtes bejaht, aber andererseits, was erst an späterer Stelle näher interessiert, den Rahmen des Auskunftsrecht enger zieht[15].

Die vorstehend mitgeteilten Erwägungen der Verwaltungsgerichte zum Informationsanspruch der Eltern gegenüber der Schule spiegeln sich in den neueren einschlägigen Entscheidungen des *Bundesverfassungsgerichts*. Das *Bundesverfassungsgericht* hatte mehrfach Gelegenheit, grundsätzliche Aussagen zum Verhältnis zwischen staatlicher Schulerziehung und elterlicher Erziehung zu machen. In diesem Zusammenhang taucht wiederholt folgende Formel auf:

„Die gemeinsame Erziehungsaufgabe von Eltern und Schule, welche die Bildung der einen Persönlichkeit des Kindes zum Ziel hat, läßt sich nicht in einzelne Kompetenzen zerlegen. Sie ist vielmehr in einem sinnvoll aufeinander bezogenen Zusammenwirken zu erfüllen[16]."

In diesen Formulierungen kommt zwar die Informationspflicht des Staates als besonderer Begriff nicht vor, aber es bedarf keiner näheren

---
[14] DÖV 1963, 553 = RWS 1963, 245.
[15] *BVerwGE* 19, 128 (131).
[16] Vgl. *BVerfGE* 34, 165 (183) (Hessische Förderstufe); NJW 1978, 807 (809) (Sexualkunde).

3. Grundlagen des Informationsanspruchs

Begründung und Hervorhebung, daß solche Informationspflichten des Staates mit korrespondierenden Informationsrechten der Eltern — und entsprechenden Informationsobliegenheiten in umgekehrter Richtung — unmittelbar aus dem vom Bundesverfassungsgericht dargelegten grundgesetzlich vorgezeichneten Kooperationsmodell folgen. Ein notwendiges Zusammenwirken im Erziehungsbereich ist ohne gegenseitige Information schlechthin unvorstellbar. Deshalb läßt sich auch aus dem Kooperationsmodell des Bundesverfassungsgerichts ein Informationsanspruch der Eltern jedenfalls „dem Grunde nach" unmittelbar als Verfassungsgebot begründen.

b) Informationsanspruch des Schülers

Wenn schon den Eltern aus den angegebenen Gründen ein Informationsanspruch gegen den Staat zusteht, so muß dies erst recht für den betroffenen Schüler gelten, vorausgesetzt dieser Schüler ist in seiner Entwicklung bereits soweit fortgeschritten, daß er seine eigenen Angelegenheiten ganz oder wenigstens teilweise selbst wahrnehmen kann. — Diese Feststellung erscheint plausibel und unbestritten[17].

Indessen hat es bislang, soweit ich sehe, kaum Versuche gegeben, diese Feststellung auf eine eindeutige rechtliche Basis zu stellen. Insoweit kann, ohne daß diese Frage — angesichts eines gefestigten Meinungsstandes über das Ergebnis — einer vertieften Begründung bedürfte, verwiesen werden zum einen auf die sich aus dem Schulverhältnis ergebenden Pflichten, in deren Umkreis die Auskunftspflicht als eine Art von „Nebenpflicht" erscheint, zum andern dürfte es aber auch nicht zu hoch gegriffen sein, wenn man den Informationsanspruch des Schülers grundrechtlich verankert; insoweit ist im Schrifttum wie auch in der politischen Praxis anerkannt, daß man von der Existenz eines Kindesgrundrechts auf optimale Erziehung ausgehen kann, wobei dieses Grundrecht im Rahmen des Grundgesetzes als Innominatgrundrecht des Art. 2 Abs. 1 GG erscheint[18].

Das Informationsrecht des Kindes gegenüber seinen Lehrern und der Schulbehörde läßt sich unschwer als *Wesensbestandteil des vorbeschriebenen Kindesgrundrechts auf optimale Erziehung* begreifen. Denn Erziehung ist kein Prozeß einseitiger Hoheitsausübung, sondern ein Prozeß menschlicher Begegnung und ständiger Kommunikation, der auf lange Sicht nur auf einer Vertrauensbasis gelingen kann, die ihrerseits nach Maßgabe des Entwicklungsstandes des zu erziehenden Schülers und des Erziehungsziels gegenseitige Informationen einschließt. Der

---
[17] Vgl. z. B. *BVerwGE* 19, 128 (129).
[18] Vgl. *Ekkehart Stein*, Das Recht des Kindes auf Selbstentfaltung in der Schule, 1967; *Ossenbühl*, Verfassungsrechtliche Probleme der Kooperativen Schule, 1977, S. 53 ff. mit weiteren Nachweisen.

IV. Zum Anspruch auf Erteilung eines „Zeugnisses mit Noten"

Schüler ist nicht Objekt des Erziehungsprozesses, sondern gleichwertiger Partner. Als solcher darf der mündige oder mündig werdende Schüler über seinen Leistungsstand und die Meinung seiner Lehrer über seine Entwicklung nicht im Unklaren gelassen werden. Ziel der Erziehung ist u. a. die selbständig handelnde Persönlichkeit. Auf dem Wege dorthin muß der Schüler auch im schulischen Erziehungsprozeß schrittweise lernen, seine Arbeitsweise selbst zu bestimmen, selbst Schwerpunkte seines Lernens zu setzen, seine Zeit einzuteilen etc. All dies ist ohne entsprechende Informationen unmöglich.

Ein Informationsanspruch des Schülers läßt sich somit ebenso wie ein Informationsanspruch der Eltern ohne weiteres als Verfassungsgebot feststellen.

c) Informationsanspruch als „Vorwirkung" des Rechtsschutzanspruchs gem. Art. 19 Abs. 4 GG

Von einem allgemeineren Ansatz ausgehend ist im Schrifttum zum Teil versucht worden, einen Auskunftsanspruch des Bürgers als „Vorwirkung" des aus Art. 19 Abs. 4 GG resultierenden Rechtsschutzanspruchs zu begründen[19].

Solche Ableitungen bauen auf dem Gedanken der Effektivität des Rechtsschutzes auf, der seinerseits auf die materiellrechtliche und verfahrensrechtliche Lage „vor" dem prinzipiell repressiv ausgestalteten Rechtsschutz einwirken soll. Beispiele solcher „Vorwirkungen" hat das Bundesverfassungsgericht im Bereich der Auswahl staatlicher Handlungs- und Entscheidungsformen selbst mehrfach geliefert[20]. Verwaltungsverfahrensrechtlich soll sich die „Vorwirkung" der Rechtsschutzgarantie dahin auswirken, daß der Behörde Auskunftspflichten erwachsen[21].

Ein in diesem Sinne allgemeines „Vorwirkungs-Regime" der Rechtsschutzgarantie des Art. 19 Abs. 4 GG anzunehmen, erscheint sowohl dogmatisch wie auch von den Konsequenzen her gesehen äußerst problematisch, weil auf diese Weise dem (einfachen) Gesetzgeber mit verfassungsrechtlicher Starre enge Regelungsgrenzen gesetzt würden, die sich aus der Fassung des Art. 19 Abs. 4 GG kaum ableiten lassen[22]. Andererseits wäre es freilich verfassungsrechtlich unzulässig, wollte der (ein-

---

[19] Vgl. namentlich *Pipkorn*, Auskunftsansprüche gegenüber Verwaltungsbehörden, DÖV 1970, S. 171 ff. (174); zurückhaltender *Lerche*, Zum „Anspruch auf rechtliches Gehör", in: ZZP 78 (1965), S. 1 ff.; kritisch: *Dieter Lorenz*, Der Rechtsschutz des Bürgers und die Rechtsweggarantie, 1973, S. 260 ff.

[20] Vgl. zuletzt BVerfG 45, 297 (322) (betreffend Legalenteignung).

[21] So namentlich *Pipkorn*, Auskunftsansprüche gegenüber Verwaltungsbehörden, DÖV 1970, S. 171 ff. (175).

[22] Vgl. insoweit die Kritik bei *Lorenz*, Der Rechtsschutz des Bürgers und die Rechtsweggarantie, 1973, S. 260 ff.

4. Inhalt und Schranken der Informationspflicht

fache) Gesetzgeber durch eine entsprechende Ausgestaltung des Gesetzesrechts den Rechtsschutz unterlaufen. Insofern besteht das Problem in einer angemessenen korrespondierenden Zuordnung zwischen Gestaltungsfreiheit des Gesetzgebers und Rechtsschutzgarantie des Grundgesetzes, die weder nach der einen noch nach der anderen Seite überlastet werden darf[23]. Es wäre unter diesen Umständen gewagt, eine allgemein bestehende Auskunftspflicht als „Vorwirkung" der Rechtsschutzgarantie des Art. 19 Abs. 4 GG annehmen zu wollen. Indessen besteht über *eine* Auswirkung der Rechtsschutzgarantie des Art. 19 Abs. 4 GG keine Meinungsverschiedenheit: gemeint ist die Pflicht der Verwaltung, die von ihr erlassenen schriftlichen Verwaltungsakte auch schriftlich zu begründen[24].

Dieser Begründungszwang ist im Grunde nichts anderes als eine spezifische Form der Informationspflicht der Verwaltung resp. des Informationsanspruchs des Bürgers, der als solcher auch in den Verwaltungsverfahrensgesetzen seinen normativen Niederschlag gefunden hat[25].

Für den Zusammenhang der Zeugniserteilung kann dieser Begründungszwang, der im Dienste der subjektiven Rechtsverfolgung steht, besondere Bedeutung gewinnen. Darauf ist sogleich zurückzukommen.

4. Inhalt und Schranken der Informationspflicht der Schulbehörden

Nach dem bisher Gesagten haben sowohl Eltern wie auch Schüler aus mehreren Gründen gegen die Schulbehörden einen verfassungsrechtlich abgesicherten Informationsanspruch. Die diesem Informationsanspruch korrespondierende Informationspflicht der Schulbehörden bedarf jedoch noch der näheren Umgrenzung, bevor aus den rechtlichen Überlegungen angesichts der Zeugniserteilung konkrete Folgerungen gezogen werden können. Es dürfte unmittelbar einleuchten, daß eine Informationspflicht der Schulbehörden nicht grenzenlos sein kann. Begrenzungen können sich ergeben einmal für die *Form* der Informationserteilung und zum anderen für den *Inhalt* der zu erteilenden Information.

a) Form der Informationserteilung

Informationen können mündlich oder schriftlich erteilt werden. Wenn Gesetze nicht die Schriftform besonders vorschreiben, können Infor-

---
[23] Vgl. z. B. *Bettermann*, Die Rechtsweggarantie des Art. 19 Abs. 4 GG in der Rechtsprechung des Bundesverfassungsgerichts, AöR 96 (1971), S. 528 ff. (559).
[24] Vgl. *Walter Schick*, Notwendigkeit und Funktion der Begründung bei Verwaltungsakten, JuS 1971, S. 1 ff. (3).
[25] Vgl. § 39 VwVG.

mationen auch mündlich erteilt werden. Die Wahl der Form, in der Informationen erteilt werden, liegt also prinzipiell im Ermessen der Verwaltung. Generelle gesetzliche Vorschriften über die Schriftform sind außer in Spezialgesetzen beispielsweise in den Verwaltungsverfahrensgesetzen enthalten[26].

Informationen über Verhalten und Leistungsstand eines Schülers werden herkömmlicherweise mündlich — entweder auf individuellen Wunsch oder generell an Elternsprechtagen — sowie schriftlich in der Form von Zeugnissen erteilt. Zeugnisse sind dem allgemeinen Verständnis und ihrem Herkommen nach *Urkunden* und als solche in Schriftform gefaßte Informationen[27].

Kraft gewohnheitsrechtlicher Grundlage, aber auch unter dem Gesichtspunkt der Rechtsschutzgarantie sind jedenfalls solche schulischen Entscheidungen, die Rechte und Pflichten unmittelbar begründen, wie Versetzungsentscheidungen, Schulverweisungen usw., schriftlich durch Zeugnisse etc. zu erlassen. Ob demgegenüber weitere — nicht berechtigende oder verpflichtende — Zwischenzeugnisse erteilt werden oder nicht, unterliegt der Regelung durch Gesetz[28]. In Einzelfällen kann die Schulbehörde unter Umständen auch nach Maßgabe des individuellen Auskunftsinteresses verpflichtet sein, für einzelne Schüler Zwischenzeugnisse — etwa im Rahmen einer Bewerbung um eine berufliche Stellung — zu erteilen. Diese Fragen bedürfen indes für die Zwecke dieser Untersuchung keiner weiteren Vertiefung.

Die Frage, *was* und *wieviel* in den zu erteilenden Zeugnissen über den Leistungs- und Entwicklungsstand des Schülers festzuhalten ist, stellt ein Inhaltsproblem dar, welches sogleich zu behandeln ist.

b) Inhalt, Umfang und Gestalt der Information

Während über die Grundlagen des Informationsanspruchs sowie über die äußere Form der Erteilung von Informationen weithin Konsens festzustellen ist, betritt man mit dem Inhaltsproblem Neuland, jedenfalls aber unwegsames Gelände. Im wesentlichen geht es um drei Fragen:

— *Was* muß die Behörde dem Informationsberechtigten mitteilen?
 (Gegenstand der Information)
— *Wieviel* muß die Behörde an Informationen geben?
 (Umfang der Information)

---

[26] Vgl. z. B. §§ 38, 39 VwVG.
[27] Vgl. *Heribert Pöttgen,* Das Zeugnis als Urkunde, in: Recht und Wirtschaft der Schule, 1964, S. 267 ff.
[28] Zur Kompetenzfrage Näheres unten sub VI.

4. Inhalt und Schranken der Informationspflicht

— *Welche Ausdrucksformen* stehen der Behörde für ihre Information zur Verfügung?
(Gestalt der Information)

Alle drei Fragen hängen eng miteinander zusammen. Dennoch erscheint es sinnvoll, sich zu vergegenwärtigen, daß alle genannten drei Aspekte einer Information — wenigstens — idealtypisch voneinander losgelöst betrachtet werden können. Darauf ist im einzelnen noch zurückzukommen.

aa) *Auskunftsinteresse und Auskunftszweck als Maßstab*

Inhalt und Umfang der Informationen, die die Schulbehörde im Rahmen eines Schul- und Prüfungsverhältnisses zu geben verpflichtet ist, haben mehrfach die Gerichte beschäftigt. Den einschlägigen Entscheidungen[29] lassen sich zwei Erkenntnisse entnehmen.

Erstens: eine Generalisierung der Frage nach dem Inhalt und Umfang von behördlichen Informationen führt nicht weiter. Umfang und Inhalt von Behördeninformationen hängen von den jeweiligen Umständen des Einzelfalles ab.

Zweitens: maßgebliche Richtschnur für die Bemessung der Information sind das jeweilige Auskunftsinteresse des Informationsberechtigten und der Informationszweck.

Das *Auskunftsinteresse* kann einmal mit einem handfesten Rechtsschutzinteresse zusammenfallen, und zwar regelmäßig dann, wenn beispielsweise eine negative Prüfungs- oder Versetzungsentscheidung angefochten wird[30]. Das Auskunftsinteresse kann aber auch eine vom Rechtsschutzinteresse losgelöste eigene Bedeutung entfalten. Hiervon wird man im Regelfalle bei Schulzeugnissen auszugehen haben. Schulzeugnisse haben den Zweck, Eltern und Schüler über den Entwicklungsstand und die gemachten Lernfortschritte zu informieren. Das Auskunftsinteresse der Eltern wird durch ihr elterliches Erziehungsrecht umrissen. Die Zeugnisse sind u. a. dazu gedacht, eine Brücke zwischen schulischer und häuslicher Erziehung zu schlagen. Sie sollen den Eltern Gewißheit geben, ob ihr Kind den schulischen Anforderungen genügt und ihnen signalisieren, wo das Kind der unterstützenden Nachhilfe des Elternhauses bedarf.

---

[29] Vgl. *OVG Koblenz* v. 10. 4. 1963, SPE III G X S. 91 = DÖV 1963, 553; BVerwGE 19, 128; *BVerwG* v. 30. 10. 1969, SPE II C I S. 3; *VG Hamburg* v. 17. 2. 1977 — IX VG 2942/76 (unveröffentlicht); *OVG Hamburg* VerwRspr. 11 Nr. 65.
[30] Vgl. etwa *Pipkorn*, Auskunftsansprüche gegenüber Verwaltungsbehörden, DÖV 1970, 171 ff. (175).

IV. Zum Anspruch auf Erteilung eines „Zeugnisses mit Noten"

bb) *Sachliche Grenzen der Informationserteilung*

Das *OVG Koblenz* hat in der früher mitgeteilten Entscheidung zum Ausdruck gebracht, die Eltern hätten einen Anspruch, „von der Schule *angemessene* Informationen über den Leistungsstand ihrer Kinder zu erhalten"[31]. Mit der Formel von der „angemessenen" Information wird auch hier wiederum auf die Umstände des Einzelfalles verwiesen. Die Angemessenheit der Information, die sich — wie schon gesagt — durch das Auskunftsinteresse und den Auskunftszweck bestimmen läßt, erfährt weitere sachliche Grenzen tatsächlicher und rechtlicher Art, die es zu bedenken und zu beachten gilt.

Als solche Grenzen werden in den einschlägigen Stellungnahmen der Gerichte und des Schrifttums genannt
— ein übermäßiger Informationsaufwand der Behörden
— Wahrung der Interessen und Rechte sowie der Intimsphäre Dritter
— die Möglichkeit der Selbstinformation
— die Unabhängigkeit des Prüfers (Stichwort: Beratungsgeheimnis)
— das gerichtliche Kontrolldefizit bei schulischen Entscheidungen und Beurteilungen (Stichwort: unvertretbares persönlichkeitsbedingtes Werturteil).

Anhand der vorgenannten Kriterien wird das Auskunftsinteresse des Informationsberechtigten gegen ein etwa entgegenstehendes Verwaltungsinteresse oder gegen Drittinteressen abgewogen. Ob und inwieweit sich die aufgezeigten Grenzkriterien für den Auskunftsanspruch als unbedenklich erweisen und wieweit sie eine Beschränkung des Auskunftsanspruchs zu tragen vermögen, bedarf an dieser Stelle der Erwägungen keiner abschließenden Klärung. Soweit einzelne dieser Kriterien für die Erteilung von Schulzeugnissen Bedeutung gewinnen sollten, wird in späterem Zusammenhang darauf zurückzukommen sein.

An dieser Stelle, an der es zunächst nur um grundsätzliche Vorklärungen geht, sei noch darauf hingewiesen, daß die Behörde auch prinzipiell die Gestalt der von ihr zu erteilenden Informationen selbst bestimmt. Dies bedeutet nicht nur, daß sie die Formulare, die sie verwendet, selbst entwirft, sondern auch, ob sie sich, falls aus verwaltungsökonomischen Gründen geboten, der Schriftsprache oder einer Zeichensprache bedient, wie dies durch Textverschlüsselung bei den computergefertigten Verwaltungsakten inzwischen ständige Praxis geworden ist[32]. Freilich hat eine solche Textverschlüsselung dort ihre Grenzen,

---
[31] *OVG Koblenz* v. 10. 4. 1963, SPE III G X S. 91 = DÖV 1963, 553 (Hervorhebung von mir).
[32] Vgl. *Albert von Mutius*, Zu den Formerfordernissen automatisierter Verwaltungsakte, VerwArch 67 (1976), S. 116 ff.; *Hans Meyer* bei Meyer/Borgs, Verwaltungsverfahrensgesetz, Kommentar, 1976, Erl. IV. zu § 37.

wo der Informationswert der behördlichen Mitteilung und ihre Verständlichkeit gemindert werden.

Bei der hier gestellten Problematik des Zeugnisses mit Noten stellt sich interessanterweise die Problematik gerade umgekehrt dahin, ob der Informationsberechtigte einen Anspruch darauf hat, nicht oder nicht nur durch einen verbalen Text, sondern auch durch eine Benotung informiert zu werden. Im Ausgangspunkt wird man auch hier die Frage, ob die eine oder die andere Gestalt der Information gewählt werden darf, außer vom Auskunftszweck vom Informationswert der jeweils gewählten Gestalt der Information abhängig machen müssen.

5. Anwendung der Erkenntnisse auf die Erteilung von Schulzeugnissen

Ist für den Inhalt und Umfang der Information das Auskunftsinteresse des Informationsberechtigten ausschlaggebend, so liegt es nahe, von vornherein zu trennen einerseits zwischen Zeugnissen mit Berechtigungsfunktion („Berechtigungszeugnisse"), zu denen beispielsweise Versetzungszeugnisse und Abschlußzeugnisse zählen, und andererseits jenen Zeugnissen, die als Zwischenzeugnisse den Entwicklungs- und Leistungsstand für einen bestimmten Zeitraum bilanzieren, ohne mit rechtlich faßbaren Sanktionen und Konsequenzen verbunden zu sein (sie seien hier als „schlichte Informationszeugnisse" bezeichnet).

a) Berechtigungszeugnisse

Berechtigungszeugnisse zeichnen sich dadurch aus, daß sie in ihrem Inhalt und ihrer rechtlichen Wirkung und Bedeutung nach nicht auf den inneren schulischen Erziehungsprozeß beschränkt bleiben und den Eltern sowie dem Schüler in erster Linie Orientierungshilfen sein wollen, sondern — juristisch gesprochen — mit *rechtlicher Außenwirkung* versehen sind, mit anderen Worten: auf das „Grundverhältnis des Schülers" einwirken. Schon terminologisch ist damit signalisiert, daß Berechtigungszeugnisse rechtlich durchweg als Verwaltungsakte zu qualifizieren sind. Ferner ist mit der Einwirkung solcher Zeugnisse auf die Rechtsstellung von Eltern und/oder Schüler prozeßrechtlich die Möglichkeit verbunden, Rechtsschutz bei den Verwaltungsgerichten zu suchen. Damit wird deutlich, daß das den Inhalt und Umfang der Information bestimmende Auskunftsinteresse bei Berechtigungszeugnissen sich nicht in einem bloßen Informationsinteresse erschöpft, sondern auch und insbesondere durch das Rechtsschutzinteresse bestimmt wird. Namentlich bei Abschlußzeugnissen dürfte das Informationsinteresse durch das Rechtsschutzinteresse weitestgehend verdrängt werden. Entscheidend tritt damit der durch die Rechtsschutzgarantie des Art. 19 Abs. 4 GG getragene Begründungszwang in den Vordergrund. Der

IV. Zum Anspruch auf Erteilung eines „Zeugnisses mit Noten"

Informationswert eines Berechtigungszeugnisses bemißt sich nach dem rationalisierbaren, d. h. anhand rationaler Maßstäbe kontrollierbaren und intersubjektiv verifizierbaren Aussagegehalt des Zeugnisses.

Insoweit lassen sich aus rechtlicher Sicht für *Abschlußzeugnisse* zunächst klare Feststellungen treffen. — In einer Zeit, in der die Bildungspolitik von dem Problem der Masse und damit verbunden des numerus clausus beherrscht wird, zeigt sich trotz aller Versuche, jedem Studierwilligen einen Studienplatz zu bieten, die absolute Notwendigkeit der Auslese. Solange man diese Auslese unter vom Zeugnis her gesehen „Gleich-Berechtigten" (das sind alle Abiturienten) nicht einfach dem primitiven Zufall, d. h. dem Los überantwortet, kann dies nur durch rationale Auswahlkriterien geschehen, die am Maßstab der Studierfähigkeit orientiert sind. Im Arbeits- und Ausbildungsbereich herrschen analoge Verhältnisse. Eine Auswahl unter mehreren Konkurrenten ist aber, da Leistungsvergleiche notwendig sind, nur durch schablonisierte und typisierte Bewertungssysteme möglich, ob sie sich nun in Noten, Punkten oder wie auch immer ausdrücken mögen. — Anders gesagt: wo Zeugnisse nach ihrer *Berechtigungsfunktion* oder ihrer *gesellschaftlichen Funktion*, die sich etwa bei Einstellungsentscheidungen für eine bestimmte berufliche Laufbahn zeigt, Rangierungs- und Auswahlbedeutung gewinnen, kann sich ein Zeugnis nur an objektivierten und typisierten Standardbeurteilungen orientieren, mag die Zeugnispraxis selbst auch noch so sehr Angriffen ausgesetzt oder tatsächlich unzulänglich sein. Die dem hier in Betracht stehenden Zeugniserlaß zugrunde liegende Intention des „individuellen Zeugnisses", welches (lediglich) am Lernvermögen des einzelnen Kindes orientiert ist, wäre im Bereich der Abschlußzeugnisse also schon a limine sachfremd und deshalb undurchführbar.

Berechtigungszeugnisse, die zwar auf den Grundstatus des Schülers einwirken, aber noch keine die weiteren Bildungs- und Berufschancen einengende oder erweiternde Funktion besitzen, wie beispielsweise im allgemeinen Versetzungszeugnisse, sofern die dort festgelegten Noten nicht schon das Abschlußzeugnis präfixieren, werden durch die vorstehende auf Abschlußzeugnisse gemünzte Argumentation nicht voll erfaßt. Dies deswegen nicht, weil die Versetzungsentscheidung nicht als Auswahlentscheidung in einem Konkurrenzverfahren ergeht, sondern aufgrund der Einschätzung des Lernfortschritts des jeweiligen Schülers, der insoweit nicht in einem Konkurrenzverhältnis zu seinen Mitschülern steht, etwa dergestalt, daß seine Versetzung die Versetzungschancen anderer Mitschüler verkürzt.

Unter diesen Umständen erscheint es prima facie dem Ermessen der Schulbehörde überlassen bleiben zu können, welcher Informations-

5. Anwendung der Erkenntnisse

gestalt sie sich bedient, mit anderen Worten: ob sie das Versetzungszeugnis verbal begründet oder nach einem Notensystem ausdrückt. Indessen wäre ein solcher Schluß voreilig und oberflächlich. Versetzungszeugnisse werden, von etwa präfixierten Noten für das Abschlußzeugnis abgesehen, insbesondere dann relevant, wenn sie eine *negative* Versetzungsentscheidung enthalten. In diesem Falle tritt das *Rechtsschutzinteresse* der Betroffenen, d. h. des Schülers und der Eltern beherrschend in den Vordergrund. Die Schulbehörde ist insoweit schon kraft Gesetzes (§ 39 Abs. 1 VwVG) verpflichtet, ihre Entscheidung zu begründen. Dieser Begründungszwang dient in erster Linie der Information der Betroffenen, die in die Lage versetzt werden sollen, ihre rechtlichen Verteidigungsmöglichkeiten abzuschätzen. Unter diesen Umständen ist sowohl Inhalt wie auch Gestalt der durch das Zeugnis gegebenen Information an diesem Rechtsschutzinteresse zu orientieren. Andere Gesichtspunkte, namentlich solche pädagogischer Art, haben demgegenüber zurückzutreten. Dies folgt schon aus der einfachen Überlegung, daß sich pädagogische Konzepte nur innerhalb des Rechts bewegen dürfen und auch in ihren Zielsetzungen, mögen sie auch noch so gut gemeint sein, an den subjektiven Rechten der Betroffenen ihre Grenze finden.

Damit verdichtet sich die Problemstellung und der Kreis der zulässigen rechtlichen Erwägungen für die Spezies der Versetzungszeugnisse wie folgt. Ob Versetzungszeugnisse nach dem Notensystem oder auch verbal formuliert sein können, bemißt sich nach dem durch das Rechtsschutzinteresse bestimmten Auskunftsinteresse von Schülern und Eltern. Pädagogische Zielsetzungen, wie sie im Zeugniserlaß dargeboten werden, wie beispielsweise „Minderung des Leistungs- und Zensurendrucks" oder die „Individualität der Zeugnisaussage", treten demgegenüber zurück, ja sie können, wenn man die Dinge bei Licht betrachtet, geradezu rechtsschutzfeindlich, zumindest aber rechtsschutzhinderlich sein. Darauf ist sogleich zurückzukommen.

Betrachtet man die Alternative „Zeugnis *mit* Noten" und „Zeugnis *ohne* Noten" auf dem Hintergrund des Rechtsschutzes, so ergeben sich folgende Erwägungen. Rechtsschutz als nachvollziehbare Kontrolle anhand objektiver Maßstäbe steht und fällt mit dem Vorhandensein von Generalisierungen, allgemeinen Standards und objektivierbaren Kriterien. Diese Struktur und Eigenart des Rechtsschutzes wird namentlich im Schulrecht durch die in zunehmendem Maße an die Gerichte herangetragenen Konflikte aus der Schulpraxis tagtäglich erlebt. Deshalb muß man sich darüber im klaren sein, daß jede schulische Maßnahme, Aktion oder Reform, die unter dem Zeichen pädagogischer Fortentwicklung auf eine „Individualisierung" der Beurteilungsgrundlagen angelegt ist, letztlich eine „Ent-Rationalisierung" der Beurteilungsent-

IV. Zum Anspruch auf Erteilung eines „Zeugnisses mit Noten"

scheidung bedeutet und infolgedessen unausweichlich die Nachkontrolle durch Dritte — und das heißt: *auch* durch den Richter — verkürzt oder erschwert.

Man kann schon bestreiten, ob die verbale Beschreibung des Lernverhaltens wirklich den Informationswert des Zeugnisses erhöht. Gewiß erscheint die These des höheren Informationswertes verbaler Leistungsbeschreibungen zunächst theoretisch einleuchtend, aber ob sie sich in der Praxis realisieren läßt, muß erhebliche Zweifel wecken. Wenn beispielsweise — und dies ist kein erfundener, sondern ein nachweisbarer Fall — in einem Grundschulzeugnis zum Lernbereich „Lesen" der Satz steht: „Peter erliest auch unbekannte Texte", so sollte man als unbefangener Betrachter der Meinung sein dürfen, daß es sich bei diesem Schüler der 1. Grundschulklasse um ein Mitglied der Spitzengruppe seines Jahrgangs handelt. Um so erstaunter ist man, nach beharrlichem Nachfragen von der Lehrerin zu erfahren, daß Peter nach altem Ritus bewertet die Note „befriedigend mit Abstrich" erlangt hätte. — Freilich hört man schon den Einwand, daß *eine* Fehlformulierung nicht das ganze System diskreditieren könne. Indessen ist, wie Formulierungen des Zeugniserlasses deutlich signalisieren, offenbar ein Abrücken von der herkömmlichen Zeugnisfunktion schlechthin intendiert, wenn es heißt, daß das Zeugnis für die Klasse 1 „als Grundlage für das weiterführende Gespräch zwischen Eltern und Lehrer" dienen solle. Nur dann fragt man sich allerdings, warum ein Zeugnis *so viel* vom Schülerverhalten *schriftlich* fixieren soll, wenn es ohnehin (nur) als „*Gesprächsgrundlage*" gedacht ist.

Von all dem abgesehen läßt sich unter dem Gesichtspunkt der Rechtsverteidigung bei negativen Versetzungszeugnissen gar nicht bestreiten, daß die Ersetzung des Notensystems durch eine Verbalbewertung mit einer Verminderung des *rationalisierbaren* Informationswertes des Zeugnisses und damit mit einer *Verminderung der Rechtsverteidigung* verbunden ist. Über die Note „mangelhaft" in einem versetzungserheblichen Hauptfach kann man in einem Rechtsschutzverfahren streiten. Der Streitpunkt läßt sich sofort lokalisieren; man kann — wie weit auch immer — in die Kontrolle der Beurteilungsgrundlagen eindringen und gegebenenfalls recht bald Anhaltspunkte für eine willkürliche Beurteilung konstatieren. Wenn sich demgegenüber die Beurteilung im Verbalen hält, kann im Streitfalle vieles entschuldigt oder anders gedeutet werden. Die Beurteilungsmaßstäbe ebenso wie die konkret angefochtene Beurteilung, die zur Nichtversetzung geführt haben, zerfließen und entziehen sich eindeutiger kontrollierbarer Festlegungen. Diese Aufweichung des Kontrollgegenstandes setzt sich für die Beurteilungsgrundlagen fort. Denn auch die während des Schuljahres „durchgeführten Lernfortschrittskontrollen in mündlicher und schriftlicher

Form" dürfen nach den „Vorläufigen Hinweisen zur Erstellung der Zeugnisse für die Klassen 1 und 2 der Grundschulen in Nordrhein-Westfalen" „nicht benotet" werden; was nebenbei bemerkt aus der Sicht der Zeugnisreform nur konsequent ist. In alter Terminologie gesprochen fallen also die Noten von Klassenarbeiten und mündlichen Prüfungen während des Unterrichts ebenfalls weg, so daß auch hier der Schüler ebenso wie die Eltern u. U. vollkommen im Unklaren bleiben über den Stellenwert der Einzelbewertung, wobei noch nicht der Tatsache gedacht ist, daß sich die Bewertung von Klassenarbeiten auch erst später, noch bei Festsetzung der Zeugnisbeurteilung retrospektiv mit Leichtigkeit verbösern läßt, um eine etwa gewünschte Endbeurteilung zu rechtfertigen. Dies alles wäre möglich, obwohl das *OVG Münster*, um einer solchen denkbaren und auch bereits vorgekommenen Willkür zu begegnen, bereits früher entschieden hat, daß die Noten von Klassenarbeiten nicht abgeändert werden dürfen, sondern mit dem ihnen einmal gegebenen Bewertungsansatz in die abschließende Zeugniskonferenz einzugehen haben[33].

Steht damit fest, daß das Zeugnis ohne Noten den Rechtsschutz des Informationsberechtigten vermindert, so ergibt sich folgerichtig die weitere Frage, ob eine solche Rechtsschutzminderung trotz Art. 19 Abs. 4 GG hingenommen werden muß oder nicht. Insoweit kann zunächst einmal mit Sicherheit die Feststellung getroffen werden, daß eine Rechtsschutzverminderung jedenfalls nicht durch einen einfachen, gesetzlich nicht abgesicherten Kultusministererlaß angeordnet werden kann[34]. Darüber hinaus wird man aber auch Bedenken verfassungsrechtlicher Art anmelden müssen gegen die etwaige Absicht, ein Versetzungszeugnis ohne Noten durch *formalgesetzliche* Vorschrift einzuführen. Dies ergibt sich aus folgenden Erwägungen.

Das Verhältnis zwischen der Rechtsschutzgarantie des Art. 19 Abs. 4 GG auf der einen und der Gestaltungsfreiheit des (einfachen) Gesetzgebers auf der anderen Seite ist bereits in früherem Zusammenhang gestreift worden. Wie man dieses Spannungsverhältnis verfassungsrechtlich zu sehen und aufzulösen hat, ergibt sich aus folgendem fachkundigen Resümee:

„Art. 19 Abs. 4 bezweckt hauptsächlich, wenn nicht ausschließlich den Schutz des Bürgers vor Rechtsverletzungen der Verwaltung durch deren richterliche Kontrolle. Da Art. 19 Abs. 4, indem er eine Rechtsverletzung verlangt, nur die Kontrolle der Rechtmäßigkeit des Verwaltungshandelns garantiert, beschränkt er seinen Wirkungskreis auf den Bereich, in dem die Verwaltung rechtlich gebunden ist. Das Ausmaß

---

[33] *OVG Münster* NJW 1967, 1772 (1774).
[34] Zu dieser Kompetenzfrage unten sub VI.

IV. Zum Anspruch auf Erteilung eines „Zeugnisses mit Noten"

der Richterkontrolle des Art. 19 Abs. 4 hängt daher von dem Maß der Rechtsbindung des Kontrollierten ab. Dieses Maß bestimmt in allererster Linie der Gesetzgeber. In seiner Hand liegt damit auch die Entscheidung, wieweit die Rechtsweggarantie des Art. 19 Abs. 4 zum Zuge kommt. Je weiter er den Ermessensspielraum der Verwaltung zieht, um so größer wird der rechtsschutzfreie und rechtlich unkontrollierbare Bereich. Läßt man dem Gesetzgeber hier völlig freie Hand, so ist er in der Lage, die Rechtsschutz- und Kontrollgarantie des Art. 19 Abs. 4 zu unterlaufen. Da dies nicht verfassungsrechtens sein kann, muß Art. 19 Abs. 4 die Ermessensfreiheit des Gesetzgebers bei der Einräumung von Verwaltungsermessen begrenzen. Der Rechtsweggarantie muß, soll sie effektiv sein, das Verfassungsgebot an den Gesetzgeber entnommen werden, das Verhalten der vollziehenden Gewalt so präzis wie möglich zu determinieren, ihr also nicht mehr an Handlungs- und Beurteilungsermessen einzuräumen, als sie nach der Natur der Sache benötigt und als dem Bürger zumutbar ist[35]."

„Sachnotwendigkeit" und „Zumutbarkeit" treten somit als die Gestaltungsfreiheit des Gesetzgebers begrenzende und dirigierende Kriterien in Erscheinung. Gewiß, die „Sachnotwendigkeit" einer Regelung wird weitgehend durch den legislativen Willen und das Reformkonzept, welches einer Regelung zugrunde liegt, selbst bestimmt. Insoweit dürfte es nicht immer leicht sein, „Sachnotwendigkeiten" gleichsam „von außen" als Begrenzungen an die Gestaltungsfreiheit des Gesetzgebers heranzutragen. Solche Schwierigkeiten bestehen indessen für das hier gestellte Problem nicht. Denn die oben mitgeteilten eingrenzenden Kriterien der „Sachnotwendigkeit" und „Zumutbarkeit" lassen sich durch den *Gedanken der Wechselwirkung*, den das Bundesverfassungsgericht im Zusammenhang mit grundrechtseinschränkenden Gesetzen gemäß Art. 5 Abs. 2 GG verwendet, ergänzen.

Der Wechselwirkungsgedanke, den das Bundesverfassungsgericht ständig anwendet[36], dient letztlich dem Bestreben der Effektuierung der Grundrechte, indem dort, wo dem Gesetzgeber die Befugnis verliehen ist, Grundrechte einzuschränken, der gesetzgeberischen Gestaltungsfreiheit durch eine Wert- und Güterabwägung Grenzen gesetzt werden. Es ist ohne weiteres ersichtlich, daß dieser Grundgedanke auch auf solche Gesetze zutrifft, die durch eine besondere Ausgestaltung des materiellen Rechts den in Art. 19 Abs. 4 GG garantierten Rechtsschutz

---

[35] *Bettermann*, Die Rechtsweggarantie des Art. 19 Abs. 4 GG in der Rechtsprechung des Bundesverfassungsgerichts, AöR 96 (1971), S. 528 ff. (559); ferner *Dieter Lorenz*, Der Rechtsschutz des Bürgers und die Rechtsweggarantie, 1973.
[36] Vgl. *Ossenbühl*, Die Interpretation der Grundrechte in der Rechtsprechung des Bundesverfassungsgerichts, NJW 1976, 2100 (2107).

5. Anwendung der Erkenntnisse

beeinträchtigen. Auch in solchen Fällen ist es vonnöten, die durch eine Gesetzesregelung notwendige oder unvermeidliche Einschränkung des individuellen Rechtsschutzes zu dem mit dem Gesetz verfolgten legislativen Ziel in Beziehung zu setzen.

Geht man so vor, so kann kein Zweifel darüber bestehen, daß eine solche Abwägung im vorliegenden Zusammenhang nur zugunsten der Erhaltung des Rechtsschutzes ausgehen kann. Insoweit kann man einmal darauf verweisen, daß das mit der Formel „Zeugnis ohne Noten" verfolgte Konzept selbst unter Fachleuten nicht unbestritten ist[37]. Überdies dürfte sich nicht in Abrede stellen lassen, daß eins der proklamierten Hauptziele dieser Zeugnisreform, nämlich die „Minderung des Leistungs- und Zensurendrucks", mit einem *ungeeigneten* Mittel bekämpft wird.

Es bleibt somit als einziges Ziel der Zeugnisreform dies, daß sie eine *individuelle Leistungsbeurteilung* ermöglicht. Gerade diese Seite des „Zeugnisses ohne Noten" ist es aber, die mit dem Rechtsschutzinteresse kollidiert. Die individuelle Leistungsbeurteilung, die im Interesse der Betroffenen angestrebt wird, läßt sich auch so erreichen, daß das Notensystem durch eine *zusätzliche* Leistungsbeschreibung *verbal ergänzt wird*. Schon allein diese Möglichkeit demonstriert deutlich, daß sich sowohl das gesetzgeberische Ziel der individuellen Leistungsbeschreibung wie auch die Erhaltung des Rechtsschutzes und der Rechtsverteidigung miteinander verbinden lassen, so daß kein rechtfertigender Grund existiert, der den Gesetzgeber legitimierte, den Rechtsschutz durch ein Abrücken vom Notensystem hintanzustellen.

b) Schlichte Informationszeugnisse

Die bisherigen Überlegungen und verfassungsrechtlichen Ableitungen finden ihre Grundlage in der grundgesetzlichen Rechtsschutzgarantie des Art. 19 Abs. 4 GG. Von diesem Argumentationsansatz aus gesehen sind sie auf berechtigende Zeugnisse im oben umschriebenen Sinne beschränkt. Im folgenden ist deshalb noch als Letztes der Frage nachzugehen, ob das Zeugnis ohne Noten auch dort Bedenken begegnet, wo es (lediglich) um die Erteilung von Zeugnissen ohne Berechtigungsfunktion geht.

Knüpft man wiederum an das Auskunftsinteresse als dem entscheidenden Orientierungsmaßstab an, so ergibt sich, daß bei schlichten Informationszeugnissen nichts anderes intendiert ist als eine „Zwischenbilanz", ein Rechenschaftsbericht, der für Schüler und Eltern, aber auch für die Lehrer Klarheit schaffen soll über den erreichten Lern-

---

[37] Vgl. zum Für und Wider: *Jörg Ziegenspeck*, Zensur und Zeugnis in der Schule, 1973, S. 130 ff. mit Nachweisen.

fortschritt und Entwicklungsstand des Kindes. Insoweit die Erteilung des Zwischenzeugnisses den Lehrer zu einem schriftlich fixierten Urteil zwingt, veranlaßt sie ihn, sich über jeden einzelnen Schüler schlüssig zu werden. Zwischenzeugnisse haben deshalb aus der Sicht des Lehrers die (faktische) Funktion einer gewissen Selbstkontrolle, indem sie ihn zwingen, über Ergebnis und Erfolg seines Wirkens zu reflektieren. Für die Eltern und den Schüler bedeuten Zwischenzeugnisse Bestätigungen und Beruhigungen, aber auch warnende Signale, in jedem Falle jedoch Hinweise und auslösende Momente für erzieherische Entscheidungen und Dispositionen. Insoweit wirken sie auf den häuslichen Erziehungsprozeß ein. Ohne Rechtslagen oder Rechtsstellungen de jure zu verändern, können sie doch eine im Einzelfall sehr bedeutsame faktische Auswirkung haben.

So können Zwischenzeugnisse beispielsweise signalisieren, ob es etwa angezeigt ist, dem Schüler in gewissen Fächern durch fachkundige Unterstützung Nachhilfe zu gewähren. Eine solche, auch finanziell belastende Entscheidung werden die Eltern aber, wenn überhaupt, nur dann treffen wollen, wenn sie genau abschätzen können, ob dies notwendig ist. Die einen werden diese Notwendigkeit sehr früh, die anderen später ansetzen, d. h. die einen schon im oberen, die anderen erst im unteren Zensurenbereich. Um eine solche Entscheidung treffen zu können, müssen die Eltern freilich Klarheit gewinnen, welchen *relativen* Leistungsstandard ihr Kind erreicht hat, d. h. wie sich dessen Leistungsstand im Rahmen der Klasse und gemessen an objektiv erfaßbaren Kriterien ausnimmt. Gewiß können sich solche Positionshinweise auch aus einem verbalen Leistungsbeschreibungstext ergeben, aber sie sind möglicherweise nicht immer in der gleichen Weise signalisierend, wie dies bei Noten der Fall ist. Aandererseits kann man hinzufügen, daß es den Eltern freisteht, sich durch zusätzliche mündliche Auskünfte bei den Lehrpersonen weitere Klarheit zu verschaffen. Alles in allem läßt sich bei schlichten Informationszeugnissen indessen wohl kein dem Rechtsschutzinteresse vergleichbares Interesse aufspüren, welches einem Übergang von Noten auf eine verbale Leistungsbeschreibung entgegensteht.

6. Ergebnis

Aus den bisherigen Überlegungen läßt sich für die erste Frage, ob das herkömmliche Notensystem durch eine verbale Leistungsbeschreibung ersetzt werden kann, folgendes Fazit ziehen:

a) Inhalt, Umfang und Gestalt von Zeugnissen werden durch das Auskunftsinteresse der Schüler und Eltern bestimmt. Dieses Auskunftsinteresse ist nach der Art der rechtlichen Funktion eines Zeug-

6. Ergebnis

nisses unterschiedlich bemessen. Berechtigungszeugnisse werden ihrem Inhalt nach durch das Rechtsschutzinteresse der Betroffenen bestimmt. Rechtsschutz ist nur denkbar, wenn einer Beurteilung rationale, intersubjektiv verifizierbare, objektive Kriterien zugrunde liegen. Eine „Individualisierung" der Leistungsbeurteilung, wie sie mit der Zeugnisreform verbunden ist, bedeutet eine „Ent-Rationalisierung" der Beurteilung und deshalb eine Verminderung des Rechtsschutzes. Aus dem Blickwinkel des Rechtsschutzes ist das herkömmliche Notensystem unzweifelhaft das „kleinere Übel" des Zeugnissystems. Wegen der Verminderung des Rechtsschutzes, die durch kein entgegenstehendes übergewichtiges gesetzgeberisches Ziel aufgewogen wird, erscheint das Abgehen vom Notensystem bei *Berechtigungszeugnissen* verfassungsrechtlich unzulässig.

Bei *schlichten Informationszeugnissen* lassen sich solche verfassungsrechtlichen Folgerungen demgegenüber nicht ziehen, obgleich sie unter Umständen sehr gravierende faktische Konsequenzen für Eltern und Schüler haben können.

b) Die im hier in Rede stehenden Zeugniserlaß getroffenen Zeugnisregelungen sind *materiell-verfassungsrechtlich* also insoweit unzulässig, als sie das Notensystem für Versetzungszeugnisse und andere berechtigende Zeugnisse beseitigen[38].

---

[38] Zur kompentiellen Seite der Problematik siehe unten sub VI.

V. Zur verfassungsrechtlichen Zulässigkeit schriftlicher Beurteilung des Sozialverhaltens

1. Fragestellung und Problematik

Der Zeugniserlaß vom 13. Mai 1976 sieht als ersten Beurteilungsgegenstand das „Sozialverhalten" des Schülers vor. In den „Vorläufigen Hinweisen zur Erstellung der Zeugnisse für die Klassen 1 und 2 der Grundschulen in Nordrhein-Westfalen" wird das zu beurteilende „Sozialverhalten" in vier Unterpunkte aufgeschlüsselt:
— Kontaktfähigkeit
— Kooperationsbereitschaft
— Konfliktverhalten
— Gesprächsfähigkeit.

Die gegen diese Zeugniskonzeption gerichteten Angriffe betreffen zwei Einwände. Zum einen wird geltend gemacht, daß es dem Staat schlechthin nicht zustehe, das Sozialverhalten eines Schülers in der beschriebenen Weise zu beurteilen. Zum anderen wird die Heraushebung des „Sozialverhaltens" als Beurteilungsgegenstand als eine unsachliche Einseitigkeit der Persönlichkeitsbeurteilung gewertet, weil die auf Individualität angelegten Eigenschaften des Schülers entweder überhaupt keine Berücksichtigung finden oder von vornherein mit einem negativen Akzent versehen würden.

Die folgenden verfassungsrechtlichen Überlegungen gehen lediglich der Frage nach, ob der Staat befugt ist, im Schulzeugnis neben dem Leistungsstand auch das Sozialverhalten eines Schülers in der oben beschriebenen Weise schriftlich zu fixieren. Die damit gegebene rechtliche Fragestellung wird an inzwischen angelaufenen Verwaltungsprozessen deutlich, in denen die Kläger auf Erteilung eines Zeugnisses klagen, in denen lediglich Aussagen über den Leistungsstand des Schülers enthalten sind, das Sozialverhalten aber unberücksichtigt bleibt.

Das Begehren der Kläger richtet sich also insoweit nicht auf ein Handeln, sondern vielmehr auf ein Unterlassen der Schulbehörden. Den Eltern wird mit den neuen Schulzeugnissen eine schriftliche Auskunft angeboten, die viele von ihnen zu diesem Gegenstand und in dieser Form nicht wollen. Deshalb taucht die Frage auf, ob der Staat qua Schulbehörde rechtlich in der Lage ist, den Eltern über die Erteilung eines Schulzeugnisses in der neuen Form eine von ihnen gar nicht gewollte Auskunft aufzudrängen, oder ob der Staat, wenn die Eltern gehalten sein sollten, eine entsprechende Beurteilung des Sozialverhaltens ihres Kindes zur Kenntnis zu nehmen, dies mündlich oder durch gesonderten Brief auch schriftlich, nicht aber in der urkundlichen Fixierung des Schulzeugnisses tun muß.

Die folgenden Untersuchungen werden dieser Frage in drei Schritten nachgehen. *Zunächst* geht es darum, denkbare Rechtsgrundlagen für eine „aufgedrängte Auskunft" des Staates aufzusuchen. *Zweitens* ist sodann zu untersuchen, ob die Form der Auskunft (mündlich, schriftlich, urkundlich) in einem Konnex zum Auskunftsinhalt steht, etwa dergestalt, daß bestimmte Auskünfte allenfalls in bestimmten Formen gegeben werden können oder dürfen. *Drittens* ist schließlich danach zu fragen, ob einer „Aufdrängung" staatlicher Auskünfte, anders gesagt: der prinzipiellen Pflicht zur Entgegennahme von Auskünften, verfassungsrechtlich abgesicherte Rechtspositionen von Eltern und Schülern entgegenstehen.

2. Denkbare Rechtsgrundlagen für eine „aufgedrängte Auskunft"

Als Rechtsgrundlagen für eine „aufgedrängte Auskunft" kommen einmal der staatliche Erziehungsauftrag und zum andern die verfassungsrechtlich gebotene Kooperation zwischen Schule und Elternhaus im Erziehungsbereich in Betracht. Beide Rechtsgrundlagen stehen nicht isoliert nebeneinander, sondern sind vielmehr miteinander verquickt, seien aber im folgenden nacheinander dargestellt.

a) Zum staatlichen Erziehungsauftrag

Wendet man den Blick auf die Grundlagen des staatlichen Erziehungsmandates, so ist zunächst festzustellen, daß das Grundgesetz eine solche staatliche Erziehungskompetenz jedenfalls nicht explizit statuiert.

Art. 6 Abs. 2 GG verbürgt lediglich das *elterliche* Erziehungsrecht, normiert jedoch *kein staatliches* Erziehungsmandat. Die Formulierung des Art. 6 Abs. 2 GG und die Verwendung des Wortes „zuvörderst" läßt zwar eindeutig erkennen, daß das Grundgesetz von der Existenz anderer Erziehungsträger neben den Eltern ausgeht, aber sie trifft keine näheren Konkretisierungen, insbesondere weist diese Verfassungsvorschrift dem Staat nur eine Wächterrolle im Erziehungswesen zu. Auch die für das Schulwesen einschlägige Bestimmung des Art. 7 Abs. 1 GG normiert kein ausdrückliches staatliches Erziehungsmandat. In dieser Vorschrift heißt es schlicht: „Das gesamte Schulwesen steht unter der Aufsicht des Staates." Diese Fassung ist Gegenstand eines ausgedehnten Auslegungsstreites, in dem es darum geht, wie man den Begriff der Aufsicht zu verstehen hat. Insoweit hat sich eine sehr extensive Auffassung durchgesetzt, die eine Parallelisierung mit dem sonst bekannten rechtstechnischen Aufsichtsbegriff aus dem Verfassungs- und Verwaltungsrecht verbietet. Auch das *Bundesverfassungsgericht* geht demzufolge, wie es im Förderstufen-Urteil zum Ausdruck kommt, davon aus, daß der Art. 7 Abs. 1 GG einen staatlichen Erziehungsauftrag voraussetze[39].

Ein solcher staatlicher Erziehungsauftrag war in Art. 148 Abs. 1 WRV deutlich formuliert, wenn es dort heißt: „In allen Schulen ist sittliche Bildung, staatsbürgerliche Gesinnung, persönliche und berufliche Tüchtigkeit im Geiste des deutschen Volkstums und der Völkerversöhnung zu erstreben." — Ähnliche Formulierungen enthalten auch einige Länderverfassungen[40].

Von solchen ausdrücklichen Regelungen abgesehen läßt sich der staatliche Erziehungsauftrag in der Schule rechtlich namentlich auf *drei Gründe* stützen. *Einmal* kann darauf verwiesen werden, daß das Schulehalten traditionell nicht nur im Sinne der Vermittlung von Wissen und Fertigkeiten, sondern auch von Wertvorstellungen und Handlungsprinzipien verstanden worden ist und auch bis zu einem gewissen Grade nicht anders geübt werden kann. Bildung und Ausbildung lassen sich nicht strikt voneinander trennen. *Zum andern* läßt sich die staatliche Schulerziehung als notwendig aus dem Staatszweck und den Staatsaufgaben ableiten. Die Existenz eines demokratisch organisierten Industriestaates setzt einen gewissen Bildungs- und Ausbildungsstand der Bevölkerung notwendig voraus. Insoweit ist die staatliche Schulerziehung staatsexistentiell geboten. *Schließlich* ist staatliche Schulerziehung zumindest insoweit unabdingbar, als dem Kinde Kenntnisse und Fähigkeiten vermittelt werden müssen, die ihm durch das Elternhaus nicht geboten werden können. Insoweit hat die staatliche Schulerziehung eine kompensatorische Bildungsfunktion zu erfüllen. In diesen Zusammenhang gehört auch der Fall, in welchem der Staat die Erziehung eines Kindes an sich ziehen muß, um einer Verwahrlosung entgegenzutreten. — Ungeachtet des Fehlens einer ausdrücklichen Regelung in der Verfassung läßt sich also der staatliche Bildungs- und Erziehungsauftrag nicht in Zweifel ziehen.

Was den Umfang dieses Bildungs- und Erziehungsauftrages anbetrifft, so ist ebenfalls unbestritten, daß sich dieser Auftrag keineswegs auf die Vermittlung von *Wissensstoff* beschränkt[41]. Vielmehr liegen,

---
[39] *BVerfGE* 34, 165 (183); ferner *BVerfG* v. 21. 12. 1977, NJW 1978, 807 (808 f.) (Sexualkunde).
[40] Vgl. z. B. Art. 131 Abs. 1 Verfassung des Freistaates Bayern.
[41] In *BVerfG* v. 21. 12. 1977, NJW 1978, 807 (809), ist davon die Rede, im Schrifttum werde „mitunter" eine andere Auffassung vertreten; mangels

2. Denkbare Rechtsgrundlagen für eine „aufgedrängte Auskunft"

wie das Bundesverfassungsgericht im vorzitierten Urteil mit Recht feststellt, die Aufgaben der Schule *auch* auf erzieherischem Gebiet. Allerdings ist damit noch nichts zu der Frage gesagt, mit welchem Stellenwert und welcher Gewichtung sich Wissensvermittlung und Erziehungsarbeit der Schule zueinander verhalten, insbesondere wie die verfassungsrechtliche Standortbestimmung der staatlichen Schulerziehung sich im Verhältnis zum elterlichen Erziehungsrecht ausmacht[42]. Insoweit wird man zunächst zwei Feststellungen treffen können.

Erstens hat das elterliche Erziehungsrecht den Vorrang vor dem staatlichen Erziehungsmandat[43].

Zweitens steht die Vermittlung von Wissen und Fertigkeiten bei der staatlichen Schulerziehung im Vordergrund.

Der zuletzt genannte Punkt bedarf einiger zusätzlicher Erläuterungen. Im Sexualkundebeschluß des *Bundesverfassungsgerichts* ist die Rede davon, daß es sich bei der Wissensvermittlung um eine Aufgabe handele, die der Schule „typischerweise" zukomme und für die die Schule auch in der Regel besser geeignet sei als das Elternhaus[44]. Ohne diese Formulierung „überinterpretieren" zu wollen, wird man die Wendung des Bundesverfassungsgerichts als einen Hinweis auf die „kompensatorische Bildungsfunktion", von der schon früher die Rede war, zu verstehen haben, deren Notwendigkeit nicht nur, wie das Bundesverfassungsgericht zum Ausdruck bringt, in der besseren Ausrüstung der Schule begründet ist, sondern letztlich auch in einer unumgänglichen „Arbeitsteilung zwischen Elternhaus und Schule in der Erziehungs- und Bildungsarbeit". Die Eltern sind in der Regel nicht nur nicht fähig, sondern auch zeitlich gehindert, ihre Kinder selbst mit jenen Fertigkeiten und jenem Wissen auszurüsten, welches sie für ihren Lebens- und Berufsweg brauchen.

Andererseits ist nicht zu übersehen, daß schulische Erziehung von anderer *rechtlicher* Qualität ist als elterliche Erziehung. Staatliche Schulerziehung beruht nicht auf einem „natürlichen" Tatbestand, den der Gesetzgeber vorfindet und an den er Erziehungsrechte anknüpft, sondern staatliche Schulerziehung ist *hoheitlich verordnete Zwangserziehung*. Weder Eltern noch Kinder können das Erziehungsmilieu in Gestalt der Räumlichkeiten und Mitschüler oder die Erzieher in Gestalt

---

näherer Nachweise läßt sich indes nicht ermitteln, wo solche Auffassungen zu finden sind.
[42] Dazu *Ossenbühl*, Schule im Rechtsstaat, DÖV 1977, 801 (805 ff.); *derselbe*, Elternrecht in Familie und Schule, Schriftenreihe der Fördergemeinschaft für Schulen in freier Trägerschaft e.V., Heft 10, 1978.
[43] Nähere Begründung bei *Ossenbühl*, Schule im Rechtsstaat, DÖV 1977, 801 (807).
[44] *BVerfG* v. 21.12.1977, NJW 1978, 807 (809).

der Lehrer bestimmen. Eltern und Kinder sind vielmehr staatlicher Zuteilung ausgeliefert und verpflichtet, eine pädagogische Null ebenso wie einen „gesellschaftlichen Außenseiter" als Lehrer zu akzeptieren — bis zur Grenze des vollkommenen Versagens oder Mißbrauchs oder der offenkundigen und nachweisbaren Indoktrination systemüberwindender, grundgesetzwidriger Lehren.

Dieses Ausgeliefertsein an staatlich verordnete Zwangserzieher im schulischen Raum wird vom Standpunkt des elterlichen Erziehungsrechts nur erträglich durch eine Restriktion der Erziehungsaufgabe des Staates. Dies bedeutet, daß dem Staat — auch im schulischen Raum — der *volle pädagogische Zugriff* auf das Kind versagt sein muß. Primäre — nicht alleinige — Aufgabe des Schulehaltens ist die Vermittlung von Wissen und Fähigkeiten. Demgegenüber darf sich die Vermittlung von Wertvorstellungen und sozialen Handlungsprinzipien nur soweit ausdehnen, als sie sich als notwendiger Annex der Wissensvermittlung erweist oder auf einen Wertfundus und Prinzipienkanon erstreckt, über den ein allgemeiner und gesicherter Konsens existiert[45]. — Diese grundsätzlichen Standortbestimmungen elterlicher und staatlicher Erziehung aus grundgesetzlicher Sicht führen zunächst zu zwei *vorläufigen* Feststellungen:

Erstens: die Aufgaben der Schule liegen *auch* auf erzieherischem Gebiet. Gehört es mit zum Schulehalten, daß die schulische Entwicklung der Schüler in gewissen Perioden amtlich beurteilt wird, so spricht dies dafür, daß auch das *Verhalten* des Schülers und nicht nur sein Leistungsstand einer Beurteilung durch die Schule unterliegt.

Zweitens: der Erziehungsauftrag der Schule ist dem *Grundsatz* nach unbestritten, aber dem *Inhalt und Umfang* nach durch die Rücksichtnahme auf das elterliche Erziehungsrecht beschränkt. Staatliche Schulerziehung und elterliche Erziehung sollten nicht in einen diametralen Gegensatz zueinander geraten. Dies ist nur erreichbar, indem schulische Erziehung, was die Wertvorstellungen und Handlungsprinzipien anbetrifft, gleichsam auf den größten gemeinsamen Nenner gebracht werden. Daraus resultiert die verfassungsgebotene Zurückhaltung der schulischen Erziehung im erzieherischen Bereich und die Vermeidung von Erziehungskonzepten, die mit der Auffassung weiter Elternteile nicht harmonieren. Der wegen des Vorrangs elterlicher Erziehung restriktiv zu verstehende staatliche Erziehungsauftrag impliziert ein entsprechendes *Gebot der Zurückhaltung bei der Bewertung des Schülerverhaltens außerhalb seines Leistungsbereichs*, wobei genaue Grenzziehungen einer solchen Zurückhaltung hier noch nicht fixiert werden können.

---

[45] Vgl. auch *Ossenbühl*, Schule im Rechtsstaat, DÖV 1977, S. 801 ff. (808).

2. Denkbare Rechtsgrundlagen für eine „aufgedrängte Auskunft"

b) Kooperation zwischen Staat und Elternhaus

Eine Rechtsgrundlage für eine den Eltern „aufgedrängte Auskunft" über das Sozialverhalten ihres Kindes kann auch in dem verfassungsrechtlich gebotenen Zusammenwirken zwischen Elternhaus und Schule zu finden sein. Im Förderstufen-Urteil des Bundesverfassungsgerichts steht hierzu folgender Passus:

„Der staatliche Erziehungsauftrag in der Schule, von dem Art. 7 Abs. 1 GG ausgeht, ist in seinem Bereich dem elterlichen Erziehungsrecht nicht nach-, sondern gleichgeordnet. Diese gemeinsame Erziehungsaufgabe von Eltern und Schule, welche die Bildung der *einen* Persönlichkeit des Kindes zum Ziel hat, läßt sich nicht in einzelne Kompetenzen zerlegen. Sie ist in einem sinnvoll aufeinander bezogenen Zusammenwirken zu erfüllen[46]."

Aus der Spannungslage zwischen elterlicher und schulischer Erziehung folgert das Bundesverfassungsgericht also das verfassungsrechtliche Gebot des „sinnvoll aufeinander bezogenen Zusammenwirkens". Freilich ist diese sympathische Formel keineswegs unproblematisch[47]. Als Entscheidungsmuster für strittige Einzelfälle ist sie sicher unbrauchbar. Auch läßt sie offen, wie im Einzelfall ein „sinnvoll aufeinander bezogenes Zusammenwirken" aussehen soll und wer die Verfahrensmodalitäten bestimmt. Von alldem abgesehen kann aber doch festgestellt werden, daß zu einem „sinnvollen Zusammenwirken" jedenfalls die gegenseitige Information zwischen Elternhaus und Schule im Erziehungsprozeß gehört. Solche *gegenseitigen* Informationen sind im Interesse einer optimalen und aufeinander abgestimmten Erziehungsarbeit notwendig und deshalb verfassungsgeboten. Nützliche Informationen über den Leistungsstand und das Verhalten des Kindes in der Klassengemeinschaft muß einerseits die Schule dem Elternhaus liefern, kann aber andererseits auch das Elternhaus nicht als unerwünscht zurückweisen, soweit diese Informationen durch den Erziehungsauftrag des Staates sachlich abgedeckt werden und der Erziehung des Kindes dienen.

Damit ist freilich noch nichts zu der Frage gesagt, ob solche Informationen *sachliche Grenzen* aufweisen und ob solche Informationen auch *in jedweder Form*, also auch in urkundlicher Gestalt, gegeben werden können und entgegengenommen werden müssen. Fest steht bis zum gegenwärtigen Stand der Überlegungen nur, daß das „Sozialverhalten" (schlechthin) *nicht prinzipiell* aus dem Bereich der Infor-

---

[46] *BVerfGE* 34, 165 (183); zuletzt *BVerfG* v. 21.12.1977, NJW 1978, 807 (809 r.).
[47] Dazu Ossenbühl, Schule im Rechtsstaat, DÖV 1977, S. 801 ff. (808); *derselbe*, Elternrecht in Familie und Schule, 1978, S. 25 ff.

mationspflicht des Staates und dem Informationsrecht der Eltern im Raum schulischer Erziehung herausfällt.

3. Unterscheidung nach der Form der Auskunft

Beurteilungen des Sozialverhaltens eines Menschen sind im gesellschaftlichen Leben regelmäßig diskreter Natur. Dies bedeutet, daß solche Beurteilungen nur im Kreise vertrauter Personen abgegeben werden. Schon dieser oberflächliche Befund indiziert deutlich, daß die Beurteilung des Sozialverhaltens den Persönlichkeitskern des Einzelmenschen, seine Wesensart betrifft und deshalb schon nach der gesellschaftlichen Konvention öffentlicher oder offener Diskussion regelmäßig entrückt bleibt. Solche Rücksichtnahmen sind im Erziehungsprozeß von der Sachaufgabe her nur bedingt möglich. Ist nicht nur das Leistungsverhalten des Kindes, sondern auch sein sonstiges Verhalten Gegenstand der Erziehungsarbeit, so muß dieses Verhalten auch beurteilungsfähig und zwischen den „erziehenden Instanzen", nämlich Schule und Elternhaus, diskutierbar sein. Andernfalls wäre eine sinnvolle Erziehungsarbeit unmöglich.

Andererseits ist damit noch nichts zur Form gesagt, in der die Persönlichkeitsstruktur des Kindes diskutiert und „offengelegt" wird. Informationen, auch diskreter Natur, können sowohl mündlich wie auch schriftlich abgegeben werden. Bei der Schriftform ist des weiteren zu differenzieren nach der schlichten Schriftform, die sich etwa in der brieflichen individuellen Mitteilung manifestiert, und der urkundlichen Form, die in Gestalt eines Zeugnisses zum Ausdruck kommt. Alle drei Formen, in welche Informationen gekleidet werden können, sind ersichtlich unterschiedlicher Qualität.

a) Verschiedenheiten der Informationsformen

Die *mündliche* Information läßt sich durch folgende Eigenheiten charakterisieren. Mündlichkeit der Information kann sich aus der Sicht der Informationsberechtigten ebenso günstig wie ungünstig auswirken. Entscheidend kommt es dabei auf den *Inhalt und Zweck der Information* an. Den Bürger begünstigende Zusagen oder Zusicherungen der Behörde bringen ihm, schon aus Beweisgründen, Vorteile, wenn sie in *schriftlicher* Form abgegeben werden. Für Zusagen im technischen Sinne ist diese Form nebenbei bemerkt in § 37 Abs. 1 Satz 1 VwVG gesetzlich vorgeschrieben. — Den Bürger belastende Informationen gewinnen resp. verlieren an Nachhaltigkeit, Wirkung und Eindringlichkeit, je nachdem, ob sie mündlich abgegeben werden oder in schriftlicher oder urkundlicher Form erfolgen.

Die *mündliche* Information hat überdies zwei wesentliche Eigenheiten, die sie für bestimmte Informationen schon von der Sache her prädestinieren. Einerseits ist sie die geeignete Form, um dem Informationsberechtigten komplexere Sachverhalte, deren schriftliche Darstellung nahezu unvermeidbar von Mißverständnissen beeinträchtigt und begleitet wird, in einem persönlichen Gespräch darzulegen. Der Dialog und die mit ihm gebotene Chance der sofortigen Rückfrage und Aufklärung sowie der Erläuterung vermeiden Mißstimmungen auf beiden Seiten und dienen einer sofortigen umfassenden und klaren Information. — Zum anderen ist die mündliche Information geeignet, persönliche Dinge abzuklären. Gerade in Angelegenheiten, die nicht nur einen sachlichen Bezug haben, sondern persönliche Implikationen aufweisen, wird man eher die Form des Gesprächs wählen als die schriftliche Mitteilung.

Die *schriftliche* Information trägt demgegenüber einen gewissen endgültigen Charakter. Sie ist insbesondere dort am Platze, wo es darum geht, Vorgänge oder Tatsachen *beweiserheblich* festzuhalten. Rechtsklarheit und Rechtssicherheit drängen nach schriftlicher Fixierung.

Die *urkundliche* Information ist typologisch zwar der Schriftform zuzurechnen, gewinnt aber dennoch eine gewisse Sonderstellung dadurch, daß die in ihr gegebene Mitteilung in feierlicher Form abgegeben wird. Der rechtliche „Mehrwert" gegenüber der schlichten schriftlichen Mitteilung drückt sich beispielsweise darin aus, daß öffentlichen Urkunden im technischen Sinne gemäß § 415 ZPO eine gewisse Beweiskraft zukommt und daß sie gemäß § 271 StGB einen besonderen strafrechtlichen Schutz genießen.

Zusammenfassend lassen sich also die folgenden dominierenden Eigenheiten mündlicher und schriftlicher Behördenerklärungen festhalten:

Mündliche Erklärungen

— begünstigen in der Form des persönlichen Gesprächs die umfassende Aufklärung komplexer Sachverhalte unter größtmöglicher Vermeidung von Mißverständnissen,
— eignen sich wegen des besonderen Charakters des (bloß) gesprochenen Wortes am besten dazu, Themen und Probleme mit ausgeprägten persönlichen Bezügen zu klären und anzusprechen.

Schriftliche Erklärungen

— dienen durch die Festigkeit und Endgültigkeit der Aussage und der mit der Schriftlichkeit einhergehenden Beweiskraft in erster Linie der Rechtssicherheit und Rechtsklarheit,
— sind in Gestalt sog. öffentlicher Urkunden mit einer besonderen Beweiskraft ausgestattet und strafrechtlich geschützt.

b) Weitere Folgerungen

Wendet man die vorstehenden Überlegungen und Erkenntnisse auf den in Betracht stehenden Zeugniserlaß des Kultusministers an, so ergeben sich die nachstehenden Folgerungen.

Der Beurteilung des Sozialverhaltens entspricht von dem Inhalt und dem Zweck dieser Beurteilung her gesehen am besten die mündliche Mitteilung, eventuell die im Einzelfall gesonderte schriftliche Mitteilung („blauer Brief"), nicht aber die urkundliche Form des Zeugnisses.

Vom *Inhalt* her gesehen ergibt sich diese Folgerung aus der Überlegung, daß die Beurteilung des Sozialverhaltens den Persönlichkeitskern des Schülers angeht und über den Schüler — wie noch darzutun sein wird — auch reflektierende Wertungen auf das Elternhaus und die Eltern impliziert oder jedenfalls in diesem Sinne verstanden werden kann. Im Regelfalle ist eine gerechte Beurteilung des Sozialverhaltens nicht auf den fünf Zeilen möglich, die dafür auf dem amtlichen Zeugnisformular vorgesehen sind. Darüber dürfte auch im pädagogischen Schrifttum Einigkeit bestehen[48]. Es kann keinem Zweifel unterliegen, daß für Aussagen über das Sozialverhalten die optimalste, alle Seiten am besten informierende und auch am wenigsten belastende Form der Information das Gespräch darstellt. Dies ist nebenbei bemerkt auch der Grund, warum beispielsweise in Niedersachsen Aussagen über das Sozialverhalten nicht auf dem Zeugnis erscheinen[49].

Vom *Zweck der Information* her gesehen ist eine schriftliche Fixierung entbehrlich, weil die Beurteilung des Sozialverhaltens in den Grundschulzeugnissen regelmäßig keinerlei rechtliche Konsequenzen hat. Ein etwa zu berücksichtigender Beweiswert entfällt, wie früher dargetan, namentlich bei den Jahreszeugnissen der Grundschulklasse 1, die als schlichte Informationszeugnisse ergehen und, da die Klassen 1 und 2 als eine pädagogische Einheit angesehen werden, auch keine Versetzungsentscheidung einschließen.

Man kann also schon nach diesen Zwischenfolgerungen feststellen, daß die schriftliche Fixierung der Beurteilung des Sozialverhaltens nicht nur aus Rechtsgründen unnötig, sondern überdies auch vom Inhalt und Zweck der Information her gesehen nachteilig ist. Mit diesen Feststellungen ist indessen freilich noch kein abschließendes rechtliches Urteil verbunden. Dies ist schon deswegen nicht möglich, weil mangelnde Optimalität nicht mit Rechtswidrigkeit oder Verfassungswidrigkeit gleichgesetzt werden kann. Eine solche Gleichsetzung bedarf vielmehr besonderer rechtlicher Begründungen. Sollte sich erweisen, daß

---
[48] Vgl. z. B. *Erwin Schwartz*, Sozialverhalten und Persönlichkeitsentwicklung, in: Grundschule 10 (1978), S. 121 ff.
[49] Vgl. *Friedrich Blume*, Neue Zeugnisbestimmungen für die Grundschule, Niedersächsisches Schulverwaltungsblatt Nr. 6/1977, S. 175 ff. (177).

Verfassungsrechtssätze das Erfordernis enthalten, bei der Beurteilung von Sozialverhalten nicht nur Informationen schlechthin, sondern auch vom Inhalt und von der Form her optimale und die Informationsberechtigten am wenigsten belastende Informationen zu liefern, würde allerdings in einer Schlußfolgerung die vorgesehene *schriftliche* Beurteilung des Sozialverhaltens als Verfassungsverstoß angesehen werden müssen.

4. Gegengründe aus der Sicht von Schüler und Eltern

a) Betroffene Grundrechtspositionen

Gründe, die einer (ausführlichen) schriftlichen Persönlichkeitsbeurteilung des Bürgers durch den Staat entgegenstehen, können möglicherweise Grundrechtspositionen entnommen werden. Es gilt deshalb zunächst in einem ersten Schritt der weiteren Überlegungen, einschlägige Grundrechtspositionen aufzusuchen und zu eruieren. In einem zweiten Schritt wäre sodann der Tatbestand der Grundrechtsbetroffenheit zu präzisieren. Und schließlich wäre in einem dritten und letzten Schritt der Frage nachzugehen, auf welche Weise mögliche Spannungslagen zwischen beachtenswerten Grundrechtspositionen und staatlichen Aufgabenerfüllungspflichten aufgelöst werden können.

Als primäre Grundrechtsposition, die durch die in Zeugnisform abgegebene schriftliche Persönlichkeitsbeurteilung tangiert sein kann, kommt das Grundrecht auf freie Entfaltung der Persönlichkeit des Schülers in Betracht. Das *Bundesverfassungsgericht* hat aus dem übergreifenden Sinnzusammenhang von Menschenwürde und persönlicher Entfaltungsfreiheit (Art. 2 Abs. 1 in Verbindung mit Art. 1 Abs. 1 GG) den *Grundrechtsschutz auf Achtung der menschlichen Intimsphäre*[50] und auf Achtung und Schutz der „Integrität in geistig-seelischer Beziehung"[51] abgeleitet und begründet[52].

Angesichts der durch die technische Entfaltung zunehmenden Möglichkeit, „amtliche Röntgenbilder" und „Persönlichkeitsprofile" der Bürger anzulegen und in amtliche Verwahrung zu nehmen, gewinnt der geistig-seelische Grundrechtsschutz des Bürgers gegenüber dem bislang im Vordergrund stehenden körperlich-materiellen Schutz zunehmend an Bedeutung und praktischer Relevanz[53].

---

[50] Zuletzt *BVerfGE* v. 21. 12. 1977, NJW 1978, 807 (809).
[51] *BVerfGE* 27, 344 (351).
[52] Vgl. Näheres bei *Rupert Scholz*, Das Grundrecht der freien Entfaltung der Persönlichkeit in der Rechtsprechung des Bundesverfassungsgerichts, AöR 100 (1975), 80 ff., 130 ff. (265 ff.) mit zahlreichen Belegen und weiteren Differenzierungen.
[53] Vgl. beispielsweise *Ernst Benda*, Privatsphäre und „Persönlichkeitsprofil", in: Festschrift für Willi Geiger, 1974, S. 23 ff.

V. Zulässigkeit schriftlicher Beurteilung des Sozialverhaltens

In mehreren maßgeblichen Entscheidungen aus den letzten Jahren hat das Bundesverfassungsgericht aus Anlaß „moderner" Bedrohungen des menschlichen Intimbereichs beispielsweise durch die Massenmedien, durch statistische Erhebungen oder durch Aktenindiskretionen immer wieder mit Nachdruck betont, daß der einzelne Bürger einen Anspruch auf ein „Für-sich-selbst-Sein" hat, was „negatorisch" bedeutet, daß es dem Staat verwehrt ist, den Persönlichkeitsbereich des einzelnen auszuforschen, seine persönlichen Verhältnisse an die Öffentlichkeit zu tragen oder seine Persönlichkeitsstruktur zum Gegenstand amtlicher Ermittlungen oder Beurteilungen zu machen. In diesem Zusammenhang hat man grundrechts*thematisch* auch Persönlichkeitsbeurteilungen einzustellen, die von Schulbehörden in Gestalt von amtlichen Urkunden über die geistig-psychische Struktur und das soziale Verhalten eines Schülers abgegeben werden. Wenn der Staat für sich in Anspruch nimmt, das menschliche So-sein und das menschliche Sich-so-Verhalten zum Gegenstand amtlicher Erhebungen und Beurteilungen zu machen, dann kann dies grundrechtsthematisch nicht anders behandelt werden als die Erhebung anderer persönlicher Daten, wie etwa die Erforschung von Erholungs- und Urlaubsverhalten, die das Bundesverfassungsgericht ebenfalls thematisch unter dem Aspekt der Menschenwürde und der Achtung der persönlichen Intimsphäre verfassungsrechtlich betrachtet hat[54].

Um denkbaren Einwänden vorzubeugen, seien an dieser Stelle zwei erklärende Bemerkungen in Parenthese eingeschoben:

Erstens sei nochmals betont, daß mit der vorstehenden Feststellung noch nichts zu der Frage gesagt ist, ob eine Grundrechtsverletzung tatsächlich konstatiert werden kann. Es geht vielmehr in diesem ersten Schritt der Überlegungen allein darum, ob der in Rede stehende Sachverhalt der Zeugniserteilung über das Sozialverhalten überhaupt grundrechts*thematisch* erfaßt und festgemacht werden kann. Nur dies ist das Ergebnis der bisherigen Überlegungen.

Zweitens könnte der denkbare Einwand nicht verfangen, daß nach den „Vorläufigen Hinweisen zur Erstellung der Zeugnisse" nicht die „geistig-seelische Struktur" des Kindes, sondern nur sein „*äußeres* Sozialverhalten" beschrieben werde wie Kontaktfähigkeit, Kooperationsbereitschaft, Konfliktverhalten, Gesprächsfähigkeit. Abgesehen davon, daß ein solcher Einwand die amtlich verordnete Oberflächlichkeit der Beurteilung des Schüler-Sozialverhaltens zum Rechtsargument erheben und unter dem Prinzip der Verhältnismäßigkeit (Eignung!)[55] in ein verfassungsrechtliches Zwielicht rücken würde, kann er schon deshalb

---

[54] *BVerfGE* 27, 1 (Mikrozensus); *Ruprecht Kamlah*, Datenüberwachung und Bundesverfassungsgericht, DÖV 1970, 361 ff.
[55] Dazu unter b).

4. Gegengründe aus der Sicht von Schüler und Eltern

die bisherige grundrechtliche Verortung der Beurteilung des Sozialverhaltens nicht in Zweifel ziehen, weil auch die Beurteilung des (nur) äußeren Sozialverhaltens den Persönlichkeitskern eines Menschen trifft.

Die zweite Grundrechtsposition, die thematisch betroffen sein kann, ist der in Art. 6 Abs. 1 garantierte Schutz der Familie. Dies bedarf allerdings näherer Erläuterungen. — Anknüpfungspunkt für Überlegungen, die grundrechtlich in die Richtung des Art. 6 Abs. 1 GG verlaufen, ist das auch in der Diskussion um die Zeugnisreform immer wieder gehörte Argument, daß durch die Beurteilung des Sozialverhaltens der Kinder das Elternhaus mitzensiert und mitkritisiert werde. Nach meiner Überzeugung läßt sich dieses Argument schwerlich widerlegen. Selbst wenn man vernünftigerweise den Eltern nicht — jedenfalls nicht *alle* — Schwächen oder Unarten ihrer Kinder „anlasten" kann, wird doch im Regelfalle ein negatives Sozialverhalten des Kindes in der Schule mit der Erziehung im Elternhaus in Zusammenhang gebracht, bewußt oder unbewußt als Erziehungsversagen der Eltern gedeutet. Geht man von dieser kraft Lebenserfahrung gewonnenen Überzeugung aus, so ist jedenfalls reflektierend durch die Beurteilung des Sozialverhaltens des einzelnen Kindes die ganze Familie „mitbetroffen", weil entsprechend der Betrachtung der Familie als Lebensgemeinschaft — berechtigter- oder unberechtigterweise — Schlüsse von dem Verhalten der Kinder auf die Eltern gezogen werden.

Es ist also unter diesem Gesichtspunkt nicht das elterliche Erziehungsrecht gemäß Art. 6 Abs. 2 GG, welches als betroffene Grundrechtsposition in Rede steht, sondern der *Schutz der Intimsphäre der Familie*, der die Parallele zum Schutz der Intimsphäre der einzelnen Persönlichkeit darstellt[56]. Das elterliche Erziehungsrecht wird, wie noch zu zeigen sein wird, in späterem Zusammenhang eine Rolle spielen.

Als Zwischenergebnis kann demnach festgehalten werden, daß die Beurteilung des Sozialverhaltens von Schülern grundrechtsthematisch den Schutzbereich des Art. 2 Abs. 1 in Verbindung mit Art. 1 Abs. 1 (Intimsphäre des Schülers) und den Schutzbereich des Art. 6 Abs. 1 (Intimsphäre der Familie) betrifft. Nach den bisherigen Überlegungen ist auch davon auszugehen, daß durch die amtliche Beurteilung des Sozialverhaltens in diesen Schutzbereich eingegriffen wird. Die weiteren Erörterungen haben sich deshalb mit der Frage zu befassen, ob Schüler und Eltern diese Beurteilung in der in Rede stehenden Form trotz Berührung des grundrechtlichen Schutzbereichs zu dulden haben.

---

[56] Vgl. *Maunz* bei Maunz / Dürig / Herzog / Scholz, Grundgesetz, Kommentar, Art. 6 Rdnr. 17.

V. Zulässigkeit schriftlicher Beurteilung des Sozialverhaltens

Der Klarheit halber sei nur zusätzlich bemerkt, daß es nicht darauf ankommt, daß das Gros der Eltern von Widersprüchen gegen die urkundlich festgehaltene Form der Sozialbeurteilung ihrer Kinder abgesehen hat. Wollte man dies für erheblich halten, hätte das Bundesverfassungsgericht auch beispielsweise im Mikrozensus-Beschluß anders verfahren müssen, weil auch dort offenkundig nur wenige Bürger sich gegen eine Repräsentativstatistik gewehrt haben. Verletzungstatbestände von Grundrechtspositionen bestehen nun einmal nicht nach Maßgabe direkter oder indirekter Plebiszite, sondern allemal als individuell empfundene Benachteiligungen und Belastungen.

b) Lösungsdirektiven

Ist nach dem Vorgesagten von dem Tatbestand von Eingriffen in den grundrechtlichen Schutzbereich auszugehen, so stellt sich die Frage, ob sich die geschilderten Eingriffe auf der Grundlage von *Grundrechtsschranken* legitimieren lassen.

Insoweit kann zunächst generell vorweg bemerkt werden, daß Grundrechtseinschränkungen nur durch oder aufgrund *förmlicher* Gesetze zulässig sind. Da die in Betracht stehende Zeugnisreform einer solchen formalgesetzlichen Grundlage entbehrt, ergeben sich schon aus diesem Grunde durchgreifende verfassungsrechtliche Bedenken, die aber im folgenden Abschnitt unter dem Topos des Gesetzesvorbehaltes noch gesondert zur Darstellung kommen[57].

Sieht man einmal von der verfassungsrechtlich geforderten *Form* zulässiger Grundrechtseinschränkungen ab, so ist festzuhalten, daß Grundrechtseinschränkungen, auch soweit sie in Gestalt des förmlichen Gesetzes ergehen, auf gewisse äußerste Grenzen stoßen und, davon abgesehen, auch inhaltlich bestimmten verfassungsrechtlich verankerten Regulativprinzipien genügen müssen. Solche regulativen Grundsätze, an die auch der parlamentarische Gesetzgeber gebunden ist, stellen im hier gegebenen Problemkontext der *Grundsatz der Verhältnismäßigkeit* und das aus dem Verfassungserfordernis eines sinnvollen Zusammenwirkens zwischen Elternhaus und Schule resultierende *Gebot der gegenseitigen Rücksichtnahme* dar.

aa) Zum Grundsatz der Verhältnismäßigkeit

Über den verfassungsrechtlichen Stellenwert des Grundsatzes der Verhältnismäßigkeit sind nach dem derzeitigen Stand der Rechtsentwicklung und Rechtsprechung des Bundesverfassungsgerichts nähere Erläuterungen entbehrlich[58]. Der Grundsatz der Verhältnismäßigkeit

---
[57] Vgl. unter VI.
[58] Vgl. die zusammenfassende Darstellung von *Eberhard Grabitz*, Der

4. Gegengründe aus der Sicht von Schüler und Eltern

gehört anerkanntermaßen zum materiell-substantiellen Gehalt des Rechtsstaatsprinzips, hat damit Verfassungsrang und dirigiert und beschränkt als Verfassungsprinzip auch die Gestaltungsfreiheit des Gesetzgebers[59]. Als dirigierendes Verfassungsprinzip für den Gesetzgeber gewinnt der Grundsatz der Verhältnismäßigkeit namentlich bei grundrechtsbeschränkenden, grundrechtsausformenden und grundrechtsprägenden Gesetzen eine zentrale Bedeutung. Beispielhaft für die grundrechtsstützende Kraft und Bedeutung des Grundsatzes der Verhältnismäßigkeit ist namentlich die hier interessierende Rechtsprechung des Bundesverfassungsgerichts zu Art. 2 Abs. 1 GG[60]. Die Position des Bundesverfassungsgerichts ist in einem Beschluß vom 8. März 1972 eindeutig und dezidiert umrissen:

„Jedoch steht nicht der gesamte Bereich des privaten Lebens unter dem absoluten Schutz des Grundrechts aus Art. 2 Abs. 1 in Verbindung mit Art. 1 Abs. 1 GG (*BVerfGE* 27, 344 [351]). Als gemeinschaftsbezogener und gemeinschaftsgebundener Bürger (*BVerfGE* 4, 7 [15 f.]); 27, 1 [7]) muß vielmehr jedermann staatliche Maßnahmen hinnehmen, die im überwiegenden Interesse der Allgemeinheit *unter strikter Wahrung des Verhältnismäßigkeitsgebots* getroffen werden, soweit sie nicht den unantastbaren Bereich privater Lebensgestaltung beeinträchtigen[61]."

„Strikte Anwendung" des Grundsatzes der Verhältnismäßigkeit im Rahmen der Grundrechtsprüfung bedeutet: Anwendung des Verhältnismäßigkeitsgebotes „in allen seinen Elementen"[62]. Ein Eingriff in die Grundrechtspositionen einzelner Bürger hält danach den verfassungsrechtlichen Erfordernissen nur dann stand, wenn er gemessen an dem verfolgten Gemeinschaftsziel und Gemeinschaftsinteresse der Sache nach „*geeignet*" und „*erforderlich*" ist und wenn die Proportionalität zwischen Zweck (Ziel) und Mittel gewahrt ist, also angestrebtes Ziel und Grundrechtseingriff nicht außer Verhältnis zueinanderstehen.

Legt man diese Maßstäbe an die im Zeugniserlaß vorgesehene Beurteilung des Sozialverhaltens an, so bestehen schon erhebliche Zwei-

---

Grundsatz der Verhältnismäßigkeit in der Rechtsprechung des Bundesverfassungsgerichts, AöR 98 (1973), 568 ff.

[59] Dazu ausführlich *Grabitz* ebd.

[60] Vgl. die Darstellung bei *Grabitz*, S. 590; ferner *Rupert Scholz*, Das Grundrecht der freien Entfaltung der Persönlichkeit in der Rechtsprechung des Bundesverfassungsgerichts, AöR 100 (1975), S. 267.

[61] BVerfGE 32, 373 (379) (Hervorhebung im Zitat von mir); vgl. ferner BVerfGE 33, 377; 34, 209; 34, 246; 35, 39; 35, 232.

[62] Vgl. *Grabitz*, Der Grundsatz in der Verhältnismäßigkeit in der Rechtsprechung des Bundesverfassungsgerichts, AöR 98 (1973), 568 (590); *Scholz*, Das Grundrecht der freien Entfaltung der Persönlichkeit in der Rechtsprechung des Bundesverfassungsgerichts, AöR 100 (1975), S. 267 ff.

fel, ob diese „geeignet" ist, den verfolgten Zweck zu erreichen. Der verfolgte Zweck besteht ausschließlich und allein in der Information der Schüler und Eltern. Bei Schulzeugnissen der ersten beiden Grundschulklassen sind nahezu einzige Adressaten die Eltern und Personensorgeberechtigten, weil die beurteilten Kinder die Aussagen über deren Sozialverhalten entweder schon verbal kaum verstehen werden (z. B. „kontaktfreudig") oder doch ihrem Sinn nach nicht voll zu erfassen vermögen.

Die bezweckte Information der Eltern über das Sozialverhalten ihrer Kinder kann aber durch die Zeugnisse neuer Art keinesfalls *voll* erreicht werden. Hiervon geht die Konzeption des Zeugniserlasses selbst aus, wenn es in einem erläuternden Erlaß vom 22. März 1977 heißt, daß das Zeugnis der Klasse 1 als „Zwischenbilanz" zu verstehen sei und „als Grundlage für das weiterführende Gespräch zwischen Eltern und Lehrer dienen könne". Weiterhin ist vorgesehen, daß diese Zeugnisse den Eltern persönlich vom Lehrer ausgehändigt werden sollen, um Gelegenheit zu haben, die schriftliche Beurteilung zu erläutern und zu ergänzen. — Versteht man diese Einschränkungen und Ausgabemodalitäten richtig, so implizieren sie deutlich das Eingeständnis der Unzulänglichkeit der neuen Zeugnisform. Die *schriftliche* Beurteilung des Sozialverhaltens ist nach der eigenen Auffassung des Kultusministers als gleichsam vorläufige, jedenfalls aber durch den Lehrer interpretationsbedürftige Aussage gedacht. Man kann unter diesen Umständen schon erhebliche Zweifel haben, ob das Kriterium der Eignung für den verfolgten Zweck bejaht werden kann, wobei noch nicht des Umstandes gedacht ist, daß sich die Beurteilung des Sozialverhaltens lediglich auf das rein „äußere Verhalten" beschränkt, also keineswegs den *Ursachen* dieses Verhaltens nachgeht oder auch nur nachzugehen beabsichtigt. Das dem Verhältnismäßigkeitsgebot innewohnende Kriterium der „Eignung" läßt sich allenfalls halten, wenn man sich bereitfände, eine *Teil*-Eignung, die von vornherein als solche erkannt ist, als ausreichend im Sinne des Verhältnismäßigkeitsgebotes zu erachten. Entsprechende Ansätze sind für wirtschaftspolitische Gesetze in der Rechtsprechung des Bundesverfassungsgericht erkennbar[63]. Aber es erscheint zweifelhaft, ob man diese Rechtsprechung, die an anderen Konfliktfällen orientiert ist, insoweit ohne weiteres übernehmen kann.

Von diesen Bedenken abgesehen kann aber mit Sicherheit festgestellt werden, daß die schriftliche Fixierung der Beurteilung des Sozialverhaltens unter keinen denkbaren Umständen „erforderlich" ist, um den verfolgten Zweck der umfassenden Information der Eltern zu erreichen. Ein eingesetztes Mittel ist dann erforderlich, um den erstreb-

---

[63] Vgl. *Grabitz*, Der Grundsatz der Verhältnismäßigkeit in der Rechtsprechung des Bundesverfassungsgerichts, AöR 98 (1973), 572.

4. Gegengründe aus der Sicht von Schüler und Eltern

ten Zweck zu erreichen, wenn der Staat „nicht ein anderes, gleich wirksames, aber das Grundrecht nicht oder doch weniger fühlbar einschränkendes Mittel hätte wählen können"[64]. Insoweit ist festzustellen, daß die mündliche Information der Eltern durch die Lehrer über das Sozialverhalten ihres Kindes allein geeignet ist, den verfolgten Informationszweck voll zu erreichen. Dies ist auch der Grund gewesen, warum das Land Niedersachsen von einer *schriftlichen* Beurteilung des Sozialverhaltens ganz abgesehen und die Information dem Gespräch zwischen Eltern und Lehrern überlassen hat. „Das Gespräch ist auch in diesem Fall die angemessene, weniger belastende Form der Information[65]."

Wie schon erwähnt ist die ergänzende *mündliche* Information, selbst nach dem mitgeteilten Zeugniserlaß, unentbehrlich, die schriftliche Information also für sich weder vollständig noch ausreichend[66]. Ist aber ohnehin ein Eltern-Lehrer-Gespräch notwendig, so ist nicht ersichtlich, aus welchen Gründen diesem Gespräch eine in urkundlicher Form fixierte Vor-Beurteilung vorausgeschickt werden soll. Die mündliche Beurteilung ist, wie schon früher im einzelnen dargelegt, unzweifelhaft die geeignete Informationsform. Die schriftliche Form mag *teil*-geeignet sein, sie ist aber jedenfalls *auf keinen Fall besser geeignet* als die Form der mündlichen Information. Dies aber müßte sie nach dem Grundsatz der Erforderlichkeit sein, um verfassungsrechtlich bestehen zu können.

Es gibt auch im übrigen keinen sachlichen Grund, den Eltern eine urkundlich fixierte Auskunft aufzudrängen. Das Sozialverhalten des Kindes ist prinzipiell ohne berechtigenden Einfluß auf seine schulische Laufbahn. Die Fixierung des Sozialverhaltens in urkundlicher Form kann deshalb auch keine Beweisfunktion haben, wie dies etwa bei dienstlichen Beurteilungen von Beamten der Fall sein kann, die zu den Personalakten genommen werden. Im Bereich der Schule, namentlich der Grundschule, ist demgegenüber nicht ersichtlich, aus welchem Grund die Beurteilung des Sozialverhaltens in der im Zeugniserlaß verkümmerten und erläuterungsbedürftigen Form „aktkundig" gemacht werden sollte, wie dies ebenfalls in dem Erlaß vom 22. März 1977 vorgesehen ist, nach welchem Durchschriften (Abschriften) der Zeugnisse „zu den Schulakten zu nehmen" sind. Gerade mit dieser Praxis eröffnen sich im Gegenteil neue Gefahren. Denn, wenn eine schriftliche Beurteilung des Sozialverhaltens im Regelfalle per se der

---

[64] BVerfGE 30, 292 (316); 33, 171 (187).
[65] *Friedrich Blume*, Neue Zeugnisbestimmungen für die Grundschule, in: Niedersächsisches Schulverwaltungsblatt Nr. 6/1977, S. 175 (177).
[66] Vgl. auch zuletzt die Antwort der nordrhein-westfälischen Landesregierung auf eine Kleine Anfrage v. 18. 2. 1977, LT-Drucks. 8/1838, zu Frage 5.

mündlichen Erläuterung bedarf, kann die aktenkundige Fixierung nur Teil- oder Halbwahrheiten festhalten, die sich bei einem etwaigen Lehrerwechsel negativ auswirken können.

Hiervon abgesehen wirken Beurteilungen in urkundlicher Form endgültig und unumstößlich. Ob dies rechtlich oder pädagogisch nicht so gemeint ist, spielt für die Alltagsdeutung von Urkunden und Zeugnissen durch die Eltern keine Rolle. Unbestreitbar ist jedenfalls, daß Zeugnisse in diesem Sinne aufgefaßt werden und deshalb auch die innere Einstellung der Eltern bestimmen. „Die Urkunden führen nunmehr ein Eigenleben, sie unterstützen das Gedächtnis des Lehrers nicht mehr, sondern sie legen das Charakterbild für den Zeitpunkt der Anfertigung fest[67]." Negative Aussagen über das Sozialverhalten eines Kindes wirken deshalb — zumindest psychisch — mehr belastend, wenn sie schriftlich, als wenn sie mündlich abgegeben werden.

Man kann für eine schriftliche Beurteilung auch nicht Gründe des schulischen Verwaltungsaufwandes anführen. Werden die Zeugnisse ohnehin persönlich ausgehändigt, um bei dieser Gelegenheit als Gesprächsgrundlage zu dienen, ist mit der schriftlichen Vor-Information nichts gespart. Von einer Entlastungsfunktion geht — nebenbei bemerkt — auch der Zeugniserlaß selbst nicht aus. Sie ist auch nicht seine Motivation.

Als Ergebnis ist also festzuhalten, daß die schriftliche Beurteilung des Sozialverhaltens eines Kindes in Zeugnisform deswegen mit dem Grundsatz der Verhältnismäßigkeit in Widerspruch steht, weil sie, ohne daß dies nach dem verfolgten Zweck erforderlich wäre, in seine Intimsphäre eingreift. Die Schulbehörden mögen den Eltern, die dies wünschen, eine schriftliche Beurteilung im Zeugnis geben. Sie sind aber von Verfassung wegen gehindert, eine im Zeugnis urkundlich fixierte Beurteilung des Sozialverhaltens allen Eltern, auch denen, die sie nicht begehren, aufzudrängen. Die weitere, mehr theoretische Frage, ob Eltern, die auch eine mündliche Information über das Sozialverhalten ihres Kindes in der Schule ablehnen, durch *gesonderte schriftliche Mitteilung* die schulische Beurteilung zugestellt werden darf, braucht hier nicht verfolgt zu werden.

bb) *Sinnvolles Zusammenwirken zwischen Elternhaus und Schule*

Die bisherigen Überlegungen und Ergebnisse finden ihre Bestätigung und Stütze durch das Gebot der Rücksichtnahme als Ausfluß eines sinnvollen Zusammenwirkens zwischen Elternhaus und Schule.

---

[67] *OVG Hamburg* VRspr. 11 Nr. 65 (S. 277) betr. Schülerberichte an Hamburger Schulen.

4. Gegengründe aus der Sicht von Schüler und Eltern

Bereits in früherem Zusammenhang ist darauf hingewiesen worden, daß sich Schule und Elternhaus in der Erziehungsaufgabe treffen und sich diese teilen. Hierfür hat das Bundesverfassungsgericht die immer wieder verwendete und schon mehrfach zitierte Formel gefunden:

„Die gemeinsame Erziehungsaufgabe von Eltern und Schule, welche die Bildung der einen Persönlichkeit des Kindes zum Ziele hat, läßt sich nicht in einzelne Kompetenzen zerlegen. Sie ist vielmehr in einem sinnvoll aufeinander bezogenen Zusammenwirken zu erfüllen[68]."

Die beschriebene Kompetenzverklammerung zwischen Elternhaus und Schule versucht das Bundesverfassungsgericht also durch das „Procedere" im Erziehungsbereich konfliktfrei zu stellen. Dies ist rechtlich nur möglich, wenn man für das Zusammenwirken zwischen Elternhaus und Schule das *Prinzip der gegenseitigen Rücksichtnahme* als verfassungsgeboten anerkennt, ganz ähnlich wie dies bei Kompetenzwahrnehmungen und Kompetenzüberlagerungen im staatlichen Bereich durch die Kategorie der Verfassungsorgantreue geschieht[69].

Unter Beachtung des Prinzips der gegenseitigen Rücksichtnahme wird man dem Staat prinzipiell nicht das Recht zugestehen können, den Eltern Informationen aufzudrängen, die sie — wenigstens in der vorgesehenen Form — nicht wünschen. Mit solchen Informationen kann der Staat im Grunde nichts erreichen, wenn die Eltern solche Informationen innerlich ablehnen. Sie können dann nämlich ihren Informationszweck, der darauf gerichtet ist, die Eltern mit Erziehungshilfen und Erziehungssignalen zu versehen, nicht erfüllen. Mehr noch: sie erreichen nur das Gegenteil, nämlich Mißstimmung und Unzufriedenheit, womöglich Vertrauensverluste zur Schule[70].

Diese Konsequenzen wären freilich in Kauf zu nehmen, wenn es darum ginge, bestehende Elternpflichten, wie etwa die Pflicht, ihr Kind zur Schule zu schicken, durchzusetzen. Aber davon kann nach dem Vorgesagten auf keine Weise die Rede sein. Ist aber die schriftliche Beurteilung des Sozialverhaltens der Kinder nicht nur nicht erforderlich, sondern im Gegenteil mit Gefahren der Mißdeutung verbunden, so gebietet es das Prinzip der Rücksichtnahme zwischen Elternhaus und Schule, daß der Staat von einer solchen Beurteilung — jedenfalls auf Wunsch der einzelnen Eltern — absieht[71].

---

[68] Zuletzt BVerfGE v. 21. 12. 1977, NJW 1978, 807 (809) (Sexualkunde).
[69] Vgl. *Wolf-Rüdiger Schenke*, Die Verfassungsorgantreue, 1977; *Stern / Bethge*, Öffentlichrechtlicher und privatrechtlicher Rundfunk, 1971, S. 33 ff.
[70] Vgl. *Walter Dohse*, Reformvorschläge zum Schulzeugnis, in: Lebendige Schule, 1964, 2, S. 359 ff.
[71] Vgl. über das Pro und Contra zum „Wortzeugnis": *Jörg Ziegenspeck*, Zensur und Zeugnis in der Schule, 1973, S. 130 ff. mit Nachweisen.

VI. Kompetenz zur Zeugnisregelung

1. Präzisierung der Fragestellung

Grundlage für die hier in Betracht stehende Neuregelung der Zeugnisse für die Grundschule in Nordrhein-Westfalen ist, wie eingangs bemerkt, der Erlaß des Kultusministers des Landes Nordrhein-Westfalen vom 13. Mai 1976. Erlasse des Kultusministers rechnen nach den überkommenen Regelungskategorien des Verwaltungsrechts zu den sogenannten Verwaltungsvorschriften, die die Exekutive ohne besondere gesetzliche Ermächtigung in ihrem eigenen Funktionsbereich erlassen kann[72]. Die Regelung der Zeugnisse für die Grundschule in Nordrhein-Westfalen entbehrt damit einer formalgesetzlichen Grundlage. Infolgedessen kann sie aus Kompetenzgründen nur dann rechtlichen Bestand haben, wenn die Zeugnisregelung zum originären exekutiven Funktionsbereich gehört. Damit ist die Frage gestellt, ob der Gesetzesvorbehalt im Schulrecht auch Zeugnisregelungen umgreift. Sollte diese Frage entweder ganz oder jedenfalls in den hier interessierenden Punkten zu bejahen sein, so wäre die durch Ministererlaß getroffene Zeugnisregelung mangels einer verfassungsrechtlich geforderten gesetzlichen Grundlage verfassungswidrig und deshalb nichtig.

2. Stand der Diskussion um den Gesetzesvorbehalt im Schulrecht

Es gibt kaum ein Problem, welches die Verwaltungs- und Verfassungsgerichtsbarkeit des letzten Jahrzehnts mehr beschäftigt hätte als die Frage der Erstreckung des Gesetzesvorbehaltes im Schulrecht[73].

Das Bundesverfassungsgericht hat sich in den letzten Jahren bislang in vier Entscheidungen speziell mit dem Vorbehalt des Gesetzes im Schulverhältnis befaßt:

BVerfGE 34, 165 (192) — Hessische Förderstufe,

BVerfGE 41, 251 (259) — Speyer-Kolleg,

---

[72] Vgl. dazu ausführlich *Fritz Ossenbühl*, Verwaltungsvorschriften und Grundgesetz, 1968; *derselbe*, Quellen des Verwaltungsrechts, in: Erichsen / Martens, Allgemeines Verwaltungsrecht, 3. Aufl. 1978, § 7 IV.

[73] Vgl. Einzelheiten bei *Ossenbühl*, Verfassungsrechtliche Probleme der Kooperativen Schule, 1977, S. 21 ff. mit Nachweisen.

2. Stand der Diskussion um den Gesetzesvorbehalt im Schulrecht

BVerfGE 45, 400 (417) — Neuordnung der gymnasialen Oberstufe in Hessen,
BVerfG NJW 1978, 807 (810) — Sexualkunde.

Der Tenor dieser Rechtsprechung läßt sich in den hier interessierenden Partien in zwei Kernsätzen zusammenfassen, die das Bundesverfassungsgericht selbst formuliert hat:

„Das Rechtsstaatsprinzip und das Demokratieprinzip des Grundgesetzes verpflichten den Gesetzgeber, die wesentlichen Entscheidungen im Schulwesen selbst zu treffen und nicht der Schulverwaltung zu überlassen. ... Das gilt insbesondere für die der staatlichen Gestaltung offenliegende Rechtssphäre im Bereich der Grundrechtsausübung. ..."

Mit dieser Auffassung stimmt die nahezu einhellige Meinung im Schrifttum und auch in der Verwaltungsgerichtsbarkeit vollkommen überein. Allerdings ist mit den vorgenannten Formulierungen nicht mehr als die Richtung gewiesen. Denn die Schwierigkeiten setzen bei der Frage ein, welche Entscheidungen und Regelungen als „wesentlich" dem Gesetzgeber vorbehalten sind und welche als „unwesentlich" der originären Kompetenz der Schulverwaltung überlassen bleiben können. In der Tat ist denn auch das Kriterium der Wesentlichkeit das Hauptangriffsziel der Kritik geworden[74].

Dieser Kritik kann man nur dadurch begegnen, daß in einem allmählichen Abklärungsprozeß weitere Detailkriterien entwickelt werden, die das Merkmal der Wesentlichkeit bereichsspezifisch und bereichsorientiert konkretisieren. Ein exemplarisches Beispiel dafür ist auf dem 51. Deutschen Juristentag geboten worden, auf welchem nach ausgiebiger Diskussion der Beschluß gefaßt wurde, daß im Schulbereich mindestens folgende Gegenstände der gesetzlichen Regelung bedürfen und damit dem Gesetzesvorbehalt unterfallen:

1. die Bildungs- und Erziehungsziele der Schule,
2. der allgemeine Lernzielkatalog,
3. der Fächerkatalog,
4. die organisatorische Grundstruktur der Schule, Schularten und Bildungsgänge, Mitbestimmung von Eltern und Schülern, Schülerselbstverwaltung,
5. die „statusbildenden Normen", die den Schüler betreffen, die Schulaufnahme, die Schulverweisung, Schuldauer einschließlich Verset-

---

[74] Vgl. z. B. *Kisker*, Verhandlungen des 51. Deutschen Juristentages, Band II, Sitzungsberichte M 82; *Pieske*, Der Weg des deutschen Schulrechts nach dem 51. Deutschen Juristentag in Stuttgart im September 1976, DVBl. 1977, 673 ff. (677); *Ossenbühl*, Schule im Rechtsstaat, DÖV 1977, 801 (802).

zung, Prüfungsanforderungen einschließlich Prüfungsverfahren und Bewertung von Prüfungsleistungen, Disziplinarmaßnahmen.

Einigkeit besteht darüber, daß namentlich das Kriterium der „Grundrechtsrelevanz" weiterführende Impulse zu geben vermag, um im Einzelfalle eine Regelung als „wesentlich" zu identifizieren. Das Kriterium der Grundrechtsrelevanz hat bislang schon in der Rechtsprechung der Verwaltungsgerichte eine maßgebliche Rolle gespielt[75]. Es will besagen, daß eine Regelung um so eher dem Gesetzesvorbehalt unterfällt, je mehr sie Grundrechte des Bürgers eingrenzt, ausprägt und tangiert.

3. Zeugnisregelungen als Bestandteil des Gesetzesvorbehaltes

Wendet man die vorgenannten Erkenntnisse der Rechtsprechung auf Zeugnisregelungen an, so ergeben sich folgende Erwägungen.

In einem ersten Schritt der Überlegungen kann mit großer Sicherheit das Resultat gezogen werden, daß Zeugnisregelungen *jedenfalls prinzipiell* dem Gesetzesvorbehalt unterliegen. Zeugnisse haben Informations- und Beweisfunktion. Wie schon im einzelnen dargetan, wird durch Inhalt und Gestaltung des Schulzeugnisses einerseits der jeweilige Status des Schülers, seine Chance des schulischen Weiterkommens und damit sein Grundrecht auf freie Entfaltung der Persönlichkeit individuell-konkret fixiert, andererseits der aus dem elterlichen Erziehungsrecht gemäß Art. 6 Abs. 1 GG resultierende Informationsanspruch ausgeprägt und geformt[76]. Die *Grundrechtsrelevanz von Zeugnisregelungen* liegt deshalb offen zutage. Die früheren Ausführungen, auf die in diesem Zusammenhang verwiesen werden kann, dürften zur Genüge die innige Verbindung zwischen Zeugnisregelungen und Grundrechtspositionen belegt und bewiesen haben. Zeugnisregelungen sind keine bloße Angelegenheit des inneren Funktionierens des Schulbetriebes, sondern vielmehr ihrer Intention nach auf „Außenwirkung" angelegt. Mit der Erteilung des Zeugnisses legt der Staat in schriftlicher Form die rechtserhebliche Zwischenbilanz in der schulischen Entwicklung eines Schülers fest und trifft damit eine Entscheidung, die dessen weiteres Fortkommen bestimmt. Gleichzeitig umreißt der Zeugnisinhalt jenen Teil der Informationen, die der Staat den Eltern schriftlich, d. h. beweiskräftig zu geben verpflichtet ist, die aber die Eltern andererseits auch

---

[75] Vgl. z. B. *BVerwGE* 47, 201; 47, 194; *VG Hamburg* DÖV 1973, 54 (55); *HessStGH* DÖV 1971, 201; zuletzt *OVG Münster* NJW 1978, 439 (betr. Vorlagebeschluß zu § 7 Atomgesetz — Schnelle Brüter); zum Ganzen: *Ossenbühl*, Zur Erziehungskompetenz des Staates, in: Festschrift für Friedrich Wilhelm Bosch, 1976, 751 (759).

[76] Vgl. z. B. *Andreas Flitner*, Das Schulzeugnis im Lichte neuerer Untersuchungen, in: Zeitschrift für Pädagogik, 1966, S. 531 ff.; *Jörg Ziegenspeck*, Zensur und Zeugnis in der Schule, 1973, S. 51 ff.

3. Zeugnisregelungen als Bestandteil des Gesetzesvorbehaltes

entgegennehmen müssen, gleichgültig, ob sie dies wollen oder nicht. Die damit verbundene starke einseitige Formalisierung und Ausprägung des elterlichen Informationsanspruchs einerseits und die im Zeugnis verkörperte Existenzaussage für den Schüler andererseits gestatten keinen Zweifel daran, daß Zeugnisregelungen im Sinne der Gesetzesvorbehaltslehre als „grundrechtsrelevant" angesehen werden müssen. Hinzu kommt, daß Zeugnisregelungen der hier in Betracht stehenden Art auch auf Inhalt und Weite der Rechtsschutzgarantie des Art. 19 Abs. 4 GG einwirken[77], und auch aus diesem Grunde nicht dem originären Bestimmungsrecht der Verwaltungsbehörden unterliegen dürfen.

Dieses Ergebnis wird durch neuere Tendenzen der Schulgesetzgebung mit Nachdruck bestätigt. — Die seit Anfang der 70er Jahre zu konstatierende Welle von Gerichtsentscheidungen zum Gesetzesvorbehalt im Schulrecht hat dazu geführt, daß die kompetenten Landesgesetzgeber gegenwärtig in verstärktem Maße bemüht sind, das Schulverhältnis auf eine rechtsstaatliche Grundlage zu stellen und den Erfordernissen des Gesetzesvorbehaltes im Schulrecht Rechnung zu tragen. In diesem Zusammenhang ist der Umstand aufschlußreich, daß bereits in mehreren Ländern die Frage der Zeugnisregelungen als Bestandteil des Gesetzesvorbehaltes anerkannt worden ist, indem entsprechende gesetzliche Vorschriften entweder bereits in Kraft gesetzt worden oder doch vorgesehen sind. So ist beispielsweise in § 32 des Referentenentwurfs eines Schleswig-Holsteinischen Schulgesetzes vom Mai 1977 für Zeugnisse eine Grundsatzregelung niedergelegt. Nach einem am 8. Dezember 1977 im Hessischen Landtag eingebrachten Gesetzentwurf der Regierungsparteien[78] wird in § 44 des Schulverwaltungsgesetzes eine Ermächtigungsgrundlage für den Kultusminister zum Erlaß von Zeugnisregelungen aufgenommen. — Eine vergleichbare Regelung ist mit der Änderung des § 26 des Schulverwaltungsgesetzes durch Änderungsgesetz vom 5. Juli 1977 für das Land Nordrhein-Westfalen bereits in Kraft getreten. Dieses Gesetz ermächtigt den Kultusminister, durch Rechtsverordnung mit Zustimmung des Ausschusses für Schule und Kultur des Landtags eine allgemeine Schulordnung zu erlassen, die u. a. „die Grundsätze für die Leistungsbewertung und Zeugniserteilung, unter Angabe des Noten- und Punktsystems" enthält. Der Erlaß einer entsprechenden Rechtsverordnung für Schulzeugnisse ist inzwischen von Regierungsseite angekündigt worden[79]. Auch in Bremen und Hamburg sind die Grundentscheidungen der Zeugnisregelung in förmlichen, vom Parlament beschlossenen Gesetzen fixiert[80].

---

[77] Vgl. oben IV. 5. a).
[78] Hessischer Landtag, Drucks. 8/5359.
[79] Vgl. Kultusminister Girgensohn, Landtag Nordrhein-Westfalen, Plenarprotokoll 8/70 S. 4984 (A).

Damit dürfte deutlich zum Ausdruck kommen, daß die zuständigen gesetzgebenden Instanzen selbst davon ausgehen, daß Zeugnisregelungen dem Gesetzesvorbehalt unterliegen und nicht dem originären Funktionsbereich der Exekutive unterfallen, der seinerseits mit dem Regelungsinstrument der Verwaltungsvorschriften geordnet werden kann. Hiervon ist auch für die in Betracht stehende konkrete Zeugnisregelung für die Klassen 1 und 2 der Grundschule keine Ausnahme zu machen. Zwar kommt diesen Zeugnissen infolge des Umstandes, daß es eine Versetzung von Klasse 1 in die Klasse 2 nicht gibt, eine gewisse verminderte Bedeutung gegenüber den Versetzungszeugnissen zu, indessen teilen sie im übrigen den grundrechtsrelevanten Charakter mit anderen Zeugnissen vollkommen. Daß diese Auffassung auch von offizieller Seite geteilt wird, beweist abermals die Ankündigung des Kultusministers, daß die Zeugnisregelung für die Grundschule demnächst durch eine Rechtsverordnung neu geregelt werde[81].

4. Folgerungen

Sind Zeugnisregelungen prinzipiell Bestandteil des Gesetzesvorbehaltes, so ergeben sich für den hier interessierenden Zusammenhang namentlich zwei Folgerungen.

Erstens ist festzustellen, daß der Erlaß des Kultusministers des Landes Nordrhein-Westfalen vom 13. Mai 1976 betreffend die Neuregelung der Zeugnisse für die Grundschule verfassungswidrig ist, weil der Kultusminister mit dem Erlaß eine Kompetenz wahrgenommen hat, die ihm von Verfassung wegen nicht zusteht und die er nur aufgrund einer besonderen gesetzlichen Grundlage wahrnehmen kann. Die Verfassungswidrigkeit des vorgenannten Erlasses kann auch nicht mit dem Gedanken des sog. Übergangsrechts behoben werden. Darauf ist sogleich des Näheren zurückzukommen.

Zweitens sei zusätzlich bemerkt, daß die Qualifizierung von Zeugnisregelungen als Materie des Gesetzesvorbehaltes bedeutet, daß der Gesetzgeber, mit anderen Worten: das Parlament, die grundlegenden Entscheidungen in diesem Bereich selbst fällen muß und diese nicht pauschal der Exekutive überlassen kann. Gesetzliche Ermächtigungen, welche ohne nähere Spezifizierung oder Zielweisung lediglich den Kultusminister ermächtigen, Zeugnisregelungen zu erlassen, können deshalb dem Prinzip des Gesetzesvorbehaltes nicht genügen. Solche Pauschalermächtigungen bedeuten eine Unterwanderung des Verfassungs-

---

[80] Vgl. §§ 25, 26 des Bremischen Schulgesetzes vom 18. Februar 1975 (GesBl. S. 89); § 31 des Schulgesetzes der Freien und Hansestadt Hamburg vom 17. Oktober 1977 (GVBl. S. 297).
[81] Vgl. Fußnote 79.

prinzips vom Gesetzesvorbehalt, bei dem es sich nicht nur um einen formalen Grundsatz handelt, sondern der den Kernbereich der demokratisch-parlamentarischen Ordnung umschreibt.

Gewiß ist nicht zu verkennen, daß zumal im Schulbereich der Gesetzgeber nicht *alles* regeln kann, daß mit anderen Worten einer gesetzlichen Regelung im Schulbereich gewisse natürliche, sachgegebene Grenzen gesetzt sind. Andererseits muß der Sinn des Gesetzesvorbehaltes auch und gerade im Schulrecht deshalb besonders betont werden, weil nicht geringe Anzeichen dafür bestehen, daß weder die Kultusbürokratie noch — bemerkenswerterweise — die Länderparlamente an einer strikten Einhaltung des Gesetzesvorbehaltes im Schulrecht interessiert sind[82].

5. Tragweite des Gedankens vom sog. Übergangsrecht

Der in Rede stehende Erlaß des Kultusministers über die Neuregelung der Grundschulzeugnisse läßt sich auch nicht unter Rückgriff auf den Rechtsgedanken des Übergangsrechts vor dem Verdikt der Verfassungswidrigkeit bewahren. Allerdings hat die Kategorie des sog. Übergangsrechts einen unmittelbaren Themenbezug. Die Figur des Übergangsrechts hängt nämlich mit der seit Jahren sich vollziehenden Wende vom besonderen Gewaltverhältnis zum rechtserfüllten Sonderstatusverhältnis zusammen[83].

In diesen Zusammenhang gehört auch das Schulverhältnis. Neue Erkenntnisse über die Reichweite des Gesetzesvorbehaltes haben den Befund erbracht, daß zahlreiche Regelungen in Sonderstatusverhältnissen, die bislang durch Verwaltungsvorschriften geordnet worden sind, dem Gesetzesvorbehalt unterliegen und durch förmliche Gesetze oder Rechtsverordnungen abgelöst werden müssen. Das deshalb bestehende Normdefizit kann jedoch nicht von heute auf morgen durch die zuständigen rechtsetzenden Instanzen aufgefüllt werden. Auf diese Weise entsteht eine Übergangszeit, die durch den Zeitpunkt der Erkenntnis der Erforderlichkeit einer gesetzlichen Grundlage auf der einen und dem (tatsächlich) möglichen Erlaß einer rechtsstaatlich einwandfreien Rechtsgrundlage auf der anderen Seite eingegrenzt wird. Für diese Übergangszeit können trotz erkannter Verfassungswidrigkeit überkommene Verwaltungsvorschriften weiterhin als geltendes Recht angewendet werden[84]. Allerdings muß das „rechtswidrige" Übergangsstadium rechtsstaatlich minimalisiert werden[85].

---

[82] Vgl. Näheres dazu *Ossenbühl*, Schulrecht im Rechtsstaat, DÖV 1977, 801 (803).
[83] Vgl. z. B. *Ernst-Werner Fuß*, Personale Kontaktverhältnisse zwischen Verwaltung und Bürger, DÖV 1972, 765.
[84] Vgl. BVerfGE 33, 1 (12) (Strafvollzug); 33, 303 (347) (Zulassung zum

Dies bedeutet zweierlei. *Einmal* darf die nunmehr als „rechtsgrundlos" erkannte Verwaltungspraxis nicht in dem überkommenen selbstbestimmten Umfange weitergeführt werden. Vielmehr kann die infolge eines Normenvakuums entstehende „Notkompetenz der Verwaltung"[86] nur solche Maßnahmen und Vorkehrungen tragen, die für das Funktionieren des jeweiligen Sonderstatusverhältnisses unabdingbar notwendig sind. *Zum andern* darf die Notkompetenz der Verwaltung nicht länger als erforderlich ausgedehnt werden. Entsprechend der zeitlichen und sachlichen Beschränkung der Kategorie des sog. Übergangsrechtes hat beispielsweise das Bundesverwaltungsgericht die Aufrechterhaltung von Verwaltungsvorschriften betreffend die Einführung der Sexualkunde im Wege der Übergangslösung abgelehnt, weil es um die Einführung eines *neuen* und nicht um die Fortführung eines bereits eingeführten Unterrichtszieles ging[87]. Aus denselben Gründen kann auch im vorliegenden Falle der Kultusministererlaß zur *Neu*regelung (!) der Grundschulzeugnisse nicht mit der Kategorie des Übergangsrechts legitimiert werden. Zwar bestanden bisher keine formalgesetzlichen Zeugnisregelungen. Mit der Erkenntnis der Notwendigkeit gesetzlicher Regelungen entfällt auch keineswegs die Befugnis, weiterhin überhaupt Zeugnisse zu erteilen. Aber dies darf vorübergehend nur entsprechend der bisherigen Praxis geschehen. Von einer solchen *Übergangslösung* kann keinesfalls mehr die Rede sein, wenn mit einer Neuregelung ein völlig neues Reformvorhaben durchgeführt werden soll, wie es mit der Neuregelung der Grundschulzeugnisse erklärtermaßen geschehen ist.

6. Anhang: Zur Auslegung des § 26 Abs. 3 Nr. 2 SchVG NW

Durch Änderungsgesetz vom 5. Juli 1977 hat § 26 des Schulverwaltungsgesetzes für das Land Nordrhein-Westfalen (SchVG NW) eine neue Fassung erhalten. Diese Vorschrift sieht jetzt vor, daß der Kultusminister mit Zustimmung des Ausschusses für Schule und Kultur des Landtages durch Rechtsverordnung eine Allgemeine Schulordnung erlassen kann. Gemäß § 26 Abs. 3 Nr. 2 trifft diese Allgemeine Schulordnung insbesondere Bestimmungen über

„die Grundsätze für die Leistungsbewertung und Zeugniserteilung, unter Angabe des Noten- und Punktsystems".

Studium); *BVerwGE* 41, 261 (266) (Regelung über ärztlichen Notfalldienst); 42, 296 (301) (Zulassung zum Studium); 48, 305 (312) (Graduierung von Ingenieuren); *NJW* 1977, 915 (916) (Auswahl der Bewerber bei der Vergabe von Güterfernverkehrsgenehmigungen); *OVG Berlin* DVBl. 1975, 731 = DÖV 1975, 570 (Vorschriften über Reifeprüfung).

[85] Vgl. *Ossenbühl*, Zur Außenwirkung von Verwaltungsvorschriften, in: Festgabe für das Bundesverwaltungsgericht, 1978, S. 433 ff.

[86] Vgl. *BVerfGE* 33, 303 (347).

[87] *BVerwGE* 47, 194 (200).

6. Anhang: Zur Auslegung des § 26 Abs. 3 Nr. 2 SchVG NW

Diese Gesetzesvorschrift wirft die Frage auf, ob — ungeachtet der schon festgestellten Verfassungswidrigkeit — der hier in Rede stehende Zeugniserlaß nicht auch mit § 26 Abs. 3 Nr. 2 SchVG NW in Widerspruch steht und ob diese Gesetzesvorschrift nicht a limine die Einführung des „Zeugnisses ohne Zensuren" auch im Wege der Rechtsverordnung sperrt.

In einer Stellungnahme des Vertreters des öffentlichen Interesses bei den Verwaltungsgerichten Düsseldorf und Gelsenkirchen heißt es dazu in einer zu den anhängigen einschlägigen Zeugnisprozessen abgegebenen Stellungnahme wie folgt:

„Soweit nun § 26 Abs. 3 Schulverwaltungsgesetz bestimmt, daß die Grundsätze für die Leistung, Bewertung und Zeugniserteilung in einer allgemeinen Schulordnung geregelt werden sollen, und zwar ‚unter Angabe des Noten- und Punktsystems', so bedeutet diese Bestimmung nicht, daß für die Grundschule eine Rückkehr zum herkömmlichen Notensystem vom Gesetzgeber vorgeschrieben worden wäre. Vielmehr beabsichtigt die Landesregierung, an der Regelung für die Zeugnisse in Klasse 1 und 2 der Grundschule, wie sie mit den von den Klägern angegriffenen Runderlassen neu geregelt wurde, festzuhalten." —

Diese und ähnliche Formulierungen in vorhergehenden Widerspruchsbescheiden der Schulbehörden ermangeln der juristischen Qualifikation. Sie beschränken sich, ohne auch nur den Ansatz einer fachgerechten Auslegung des § 26 Abs. 3 Nr. 2 SchVG zu versuchen, auf eine blanke Behauptung, die durch den gänzlich unerheblichen Zusatz, die Landesregierung wolle an der Regelung für die Zeugnisse der Klasse 1 und 2 der Grundschule festhalten, nicht einsichtiger wird. Denn was die Landesregierung will (!), ist für die Erfassung des normativen Inhalts eines vom Landesparlament beschlossenen Gesetzes ohne jede Bedeutung.

Versucht man eine de lege artis zu vollziehende Inhaltserfassung des § 26 Abs. 3 Nr. 2 SchVG, so ergeben sich folgende Erwägungen. Maßgeblich für die Erfassung des normativen Inhalts eines Gesetzes ist in erster Linie dessen *Wortlaut*. Betrachtet man unter diesem Gesichtspunkt die in Rede stehende Vorschrift, so erscheint der erläuternde Zusatz „unter Angabe des Noten- und Punktsystems" als eine Präzisierung der vorher genannten „Grundsätze für die Leistungsbewertung und Zeugniserteilung". Dieser Zusatz kann nur dahin verstanden werden, daß der Gesetzgeber davon ausgeht, daß eine Leistungsbewertung entweder nach Noten oder nach Punkten, also nur nach einer überkommenen objektiven Wertskala stattzufinden hat. Der Verordnungsgeber soll zwar frei sein darin, in welcher Weise er die Notenskala ausgestaltet oder wie er das Punktsystem aufbaut, aber es ist ihm mit dem Noten- und Punktsystem jedenfalls in abstracto der modus der

Leistungsbewertung vorgegeben. — Die Frage kann nur die sein, ob die Fassung des § 26 Abs. 3 Nr. 2 SchVG es gestattet, von dem Noten- und Punktsystem partiell zugunsten einer individuellen Leistungsbeschreibung abzuweichen, wie dies durch den Zeugniserlaß für die Grundschulen geschehen ist und in einer beabsichtigten Rechtsverordnung des Kultusministers aufrechterhalten bleiben soll. Geht man vom Wortlaut der Ermächtigungsvorschrift des § 26 Abs. 3 Nr. 2 SchVG aus, so ist diese Frage zu verneinen. Nach der Fassung des Wortlauts ist das „Noten- und Punktsystem" bei einer Rechtsverordnung über die Leistungsbewertung oder Zeugniserteilung vom Verordnungsgeber *durchgehend* zu beachten. Das Noten- und Punktsystem ist vom Gesetz nicht etwa als eines unter mehreren Bewertungssystemen angeführt, unter welchen der Verordnungsgeber wählen könnte. Auch ist dem § 26 Abs. 3 Nr. 2 SchVG kein Anhalt dafür zu entnehmen, daß der Kultusminister beim Erlaß einer Rechtsverordnung wenigstens partiell eine andere (individuelle) Bewertung der Leistungen zulassen könnte. Wäre solches beabsichtigt gewesen, hätte sich diese Absicht auch in der Wortfassung des § 26 Abs. 3 Nr. 2 SchVG ausdrücken müssen, etwa dergestalt, daß das Noten- und Punktsystem als „Regelfall" apostrophiert oder der Kultusminister ermächtigt worden wäre, für einzelne Jahrgänge andere Bewertungsformen vorzusehen. Da dies nicht geschehen ist, kann nach der Wortfassung des § 26 Abs. 3 Nr. 2 SchVG nur davon ausgegangen werden, daß das Noten- und Punktsystem als Bewertungssystem gesetzlich vorgegeben und vom Verordnungsgeber ausnahmslos zu beachten ist.

Diese vom Wortlaut her gewonnene Auslegung wird durch die *Gesetzesmaterialien* bestätigt. Allerdings sind die insoweit vorhandenen Anhaltspunkte nur spärlich. Mangels Veröffentlichung der Protokolle über die einschlägigen Ausschußsitzungen kann nur auf die Begründung des Gesetzentwurfs der Landesregierung zurückgegriffen werden. Dort heißt es zu § 26 Abs. 3 Nr. 2:

„betrifft die Festlegung des Bewertungssystems für schulische Leistungen nach Noten und Punkten sowie die grundsätzlichen Regelungen für die Zeugniserteilung"[88].

Diese Formulierung läßt an Eindeutigkeit eigentlich nichts mehr zu wünschen übrig. Auffällig ist, daß die „Festlegung des Bewertungssystems für schulische Leistungen nach Noten und Punkten" hier vor den „grundsätzlichen Regelungen für die Zeugniserteilung" plaziert ist und in der Begründung ohne jeden Zusatz bleibt. Hätte man vom Noten- und Punktsystem partiell abweichen wollen, hätte man dieses wenigstens in der Begründung andeuten können. Dies ist mit keinem Wort geschehen.

---
[88] LT-Drucks. NRW 8/1429, S. 12.

6. Anhang: Zur Auslegung des § 26 Abs. 3 Nr. 2 SchVG NW

Damit ergibt sich ein *drittes Auslegungsargument*. — Daß sowohl im Wortlaut der hier in Rede stehenden Gesetzesvorschrift als auch in der Begründung der Regierungsvorlage auch nur eine Andeutung für ein mögliches partielles Abweichen vom Noten- und Punktsystem fehlt, hat deshalb besonderes Gewicht, weil im Zeitpunkt der Einbringung des Gesetzes durch die Landesregierung (!) am 27. 10. 1976 der die Zeugnisreform für die Grundschule regelnde Zeugniserlaß des Kultusministers bereits vorlag. Nicht nur dies: auch war schon zur Zeit der Einbringung des Gesetzentwurfs und namentlich bei den Gesetzesberatungen allen an der Gesetzgebung beteiligten Instanzen bekannt, daß die vom Notensystem abweichende Zeugnisreform für die Grundschule umstritten war. Bei dieser Lage hätte es nahegelegen, in einer formalgesetzlichen Ermächtigungsgrundlage, die den Erlaß' von Zeugnissen und die Bewertung schulischer Leistungen betrifft, diesen Streitstand zu berücksichtigen und für Abweichungen vom Noten- und Punktsystem eine klare Rechtsgrundlage zu schaffen. Da dies nicht geschehen ist, kann nur der gegenteilige Schluß gezogen werden, daß der parlamentarische Gesetzgeber am Noten- und Punktsystem durchgängig, d. h. ohne Ausnahme festhalten wollte.

Es mag sein, daß die gesetzgebenden Instanzen die vorstehend geschilderten Zusammenhänge nicht klar erfaßt haben. Es mag auch sein, daß die Landesregierung an der Zeugnisreform für die Grundschule festhalten wollte, auch im Rahmen einer auf § 26 Abs. 3 Nr. 2 SchVG zu erlassenden Rechtsverordnung. — Wäre dies so, so könnte man die Fassung des § 26 Abs. 3 Nr. 2 SchVG nicht anders denn als einen mißlungenen Versuch, eine einwandfreie Gesetzesgrundlage zu schaffen, bezeichnen. Dieses legislative Mißlingen kann man dann aber nicht einfach so aus der Welt schaffen, daß man den eigenen Fehler ignoriert und so tut, als ob der Normtext mit der eigenen differierenden Normvorstellung in voller Harmonie stünde. Soll eine Zeugnisreform ohne Notensystem auf eine einwandfreie Gesetzesgrundlage gestellt werden, ist dies de lege lata unzweifelhaft nur durch eine entsprechende Ergänzung des § 26 Abs. 3 Nr. 2 SchVG möglich.

Ich komme also zu dem Ergebnis, daß der Zeugniserlaß des Kultusministers nicht nur verfassungswidrig, sondern auch gesetzwidrig ist, weil er mit dem in § 26 Abs. 3 Nr. 2 SchVG zum Ausdruck kommenden Willen des Gesetzes, nach Noten zu bewerten, in Widerspruch steht. Die intendierte Zeugnisreform kann auch nicht durch den Erlaß einer entsprechenden Rechtsverordnung legalisiert werden. § 26 Abs. 3 Nr. 2 SchVG enthält die gesetzgeberische Entscheidung für das Noten- und Punktsystem, von dem der Verordnungsgeber nicht abweichen darf.

VII. Gesamtergebnis in Thesen

1. Inhalt, Umfang und Gestalt von Zeugnissen werden durch das Auskunftsinteresse der Schüler und Eltern bestimmt. Dieses Auskunftsinteresse ist nach der Art der rechtlichen Funktion eines Zeugnisses unterschiedlich bemessen. Berechtigungszeugnisse werden ihrem Inhalt nach durch das Rechtsschutzinteresse der Betroffenen bestimmt. Rechtsschutz ist nur denkbar, wenn einer Beurteilung rationale, intersubjektiv verifizierbare, objektive Kriterien zugrunde liegen. Eine „Individualisierung" der Leistungsbeurteilung, wie sie mit der Zeugnisreform für die Grundschulen verbunden ist, bedeutet eine „Ent-Rationalisierung" der Beurteilung und deshalb eine Verminderung des Rechtsschutzes. Aus dem Blickwinkel des *Rechtsschutzes* ist das herkömmliche Notensystem unzweifelhaft das „kleinere Übel" des Zeugnissystems. Wegen der Verminderung des Rechtsschutzes, die durch kein entgegenstehendes gesetzgeberisches Ziel aufgewogen wird, erscheint das Abgehen vom Notensystem bei *Berechtigungszeugnissen* verfassungsrechtlich unzulässig.

Bei schlichten *Informationszeugnissen* lassen sich solche verfassungsrechtlichen Folgerungen demgegenüber nicht ziehen, obgleich sie unter Umständen sehr gravierende faktische Konsequenzen für Eltern und Schüler haben können.

Die im Zeugniserlaß getroffenen Zeugnisregelungen sind *materiell-verfassungsrechtlich* insoweit unzulässig, als sie das Notensystem für Versetzungszeugnisse und andere berechtigende Zeugnisse beseitigen.

2. Der Staat ist kraft des ihm zustehenden Erziehungsmandates befugt, auch das Sozialverhalten der Schüler zu beobachten und zu beurteilen. Er kann aber seine Beobachtungen und Meinungen nicht in einer im Zeugnis urkundlich festgelegten Beurteilung den Schülern und Eltern aufdrängen. Eine solche Verfahrensweise verstößt gegen den Grundrechtsschutz, den die Intimsphäre des einzelnen Schülers (Art. 2 Abs. 1 in Verbindung mit Art. 1 Abs. 1 GG) und die Intimsphäre der Familie (Art. 6 Abs. 1 GG) genießt. Nach dem Grundsatz der Verhältnismäßigkeit und dem aus dem Zusammenwirken zwischen Schule und Elternhaus resultierenden Gebot der gegenseitigen Rücksichtnahme darf der Staat seine Beurteilung des Schülerverhaltens in einem zwischen Lehrer und Eltern geführten Gespräch abgeben, nicht aber in der urkundlichen Form eines Zeugnisses fixieren.

VII. Gesamtergebnis in Thesen

3. Der Zeugniserlaß des Kultusministers vom 13. Mai 1976 und die Folgeerlasse sind insgesamt verfassungswidrig, weil Zeugnisregelungen unter den Gesetzesvorbehalt fallen. Der Zeugniserlaß kann nicht mit der in der Rechtsprechung anerkannten Figur des sog. Übergangsrechts legitimiert werden, weil dieses Rechtsinstitut den überkommenen Regelungszustand aus Gründen der Funktionsfähigkeit zeitweise aufrechterhalten will, aber keinesfalls neue Reformen rechtfertigen kann.

4. Der Zeugniserlaß steht auch mit § 26 Abs. 3 Nr. 2 des Schulverwaltungsgesetzes in Widerspruch. Diese Gesetzesvorschrift verbietet es auch dem Verordnungsgeber, bei künftigen Zeugnisregelungen von dem Noten- und Punktsystem abzuweichen.

Printed by Libri Plureos GmbH
in Hamburg, Germany